입시 읽어주는 엄마,
합격 키워드 6

실력보다 대학을 높이는
여섯 가지 전략

입시
읽어주는
엄마,

합격
키워드
6

이춘희 지음

브리드북스

차례

머리말 초등부터 대학 입시까지,
　　　 우리 아이가 만나게 되는 문제를 보면 진짜 입시가 보입니다!　　　• 8

1부 역량 합격을 결정하는 6가지

**이 학생이 스스로 성장하며,
더 깊이 공부하고 협업을 이어갈 힘이 있는가?**

역량 1. 학업 역량-모든 입시의 기초　　　　　　　　　　• 18
역량 2. 자기주도성-스스로 공부하는 힘　　　　　　　　• 24
역량 3. 탐구 역량-질문하고 파고드는 힘　　　　　　　　• 32
역량 4. 전공적합성-우리 학과에 맞는 학생인가?　　　　• 39
역량 5. 인성-성실하고 함께하는 태도　　　　　　　　　• 48
역량 6. 의사소통 능력-듣고 쓰고 말하는 힘　　　　　　• 55

더보기 고교학점제 _'내 아이가 무엇을 좋아하고,
　　　　어떤 세상에서 살아가고 싶은가'　　　　　　　　• 62

2부 전략 반드시 통하는 초·중·고 12년 입시 전략 7

문제 유형을 읽고 설명하는 힘, 이 학생은 입시의 본질을 꿰뚫고 있는가?

전략 1. 정답보다 중요한 건 '설명하는 힘' • 68
전략 2. 상위 1%를 가르는 힘은 '문제의 유형' 파악에 있다 • 72
전략 3. 상위권 대학이 원하는 역량, 영재교육원 문제에 있다 • 75
전략 4. 초등 공부, 영재교육원 질문에서 방향을 찾다 • 78
전략 5. 중학교 입시를 들여다보라, 공부 방향이 보인다 • 84
전략 6. 고입 자기주도학습전형, 대입 학종의 축소판 • 89
전략 7. 고입 면접과 대입 구술, 본질은 하나다 • 94

3부 공부법 고교학점제 시대, 아이의 공부법을 재설계하라

달라진 문항과 평가 방식, 공부법의 혁신이 합격을 결정한다

공부법 1. 문제를 보면 공부의 방향이 보인다 • 104
공부법 2. 고교학점제, 사고와 표현력을 준비하라 • 109
공부법 3. 시대가 바뀌면 문제도 바뀐다 • 113
공부법 4. 문항이 달라지면 공부법도 혁신하라 • 118
공부법 5. 이해·적용·표현·성찰을 아우르는 4단계 학습법 • 121

더보기 고교학점제에서 더욱 빛나는
프로젝트형 아이로 성장하는 5가지 방법 • 127

4부 평가 — 일반고 VS 특목고 VS 자사고, 내신 문항 무엇이 다른가?

학교 유형마다 달라지는 내신 난이도, 공부 전략은 어떻게 달라져야 할까?

- 평가 1. 내신의 대세가 된 서술형·논술형 · 134
- 평가 2. 서술형과 논술형, 무엇이 다른가 · 138
- 평가 3. 일반고·특목고·자사고, 난이도의 차이 · 143
- 평가 4. 일반고·특목고·자사고 서술형·논술형 문제 특징과 예시 · 147
- 평가 5. 수행평가가 세특의 깊이를 결정한다 · 157

5부 관문 — 대입을 가르는 4가지 관문 돌파하기

수능·논술·구술·학생부, 대학 문 앞에서 학생을 시험하는 네 가지 열쇠

- 관문 1. 변별력은 약해졌지만 영향력은 커진 수능 · 166
- 관문 2. 나의 내신보다 대학을 높여갈 수 있는 논술 · 182
- 관문 3. 대입의 마지막 관문 구술면접 · 201
- 관문 4. 학교생활기록부가 입시의 시작이자 끝인 이유 · 212

6부 표현의 기술 — 입시를 이기는 글쓰기 스킬

탐구보고서·발표·토론까지, 말하고 쓰는 힘이 곧 경쟁력이다

- 표현 1. 탐구보고서 주제 잡는 법 · 230
- 표현 2. 탐구보고서 작성법 · 237
- 표현 3. 발표, 말하기로 설득하는 힘 · 241
- 표현 4. 토론과 토론 후 글쓰기 · 246

부록 **초·중·고 12년 입시 로드맵**

로드맵 1. 초등학교 6년 - 공부 DNA를 만드는 시간
: 진로의 가능성을 열고 역량을 키워라

필요할 때 공부할 수 있는 힘, '공부 정서'	• 259
경쟁 무대에 너무 일찍 올리지 않기	• 262
초등 때 놓치면 돌이킬 수 없는 독서력 + 표현력	• 265
부모가 아닌 아이의 눈으로 진로 보기	• 269
초3부터 시작하는 국영수 학습 전략	• 276

로드맵 2. 중학교 3년 - 대학을 결정하는 공부법
: 진로를 발견하고 학업의 흐름을 만들어라

고교학점제 시대, 중학교 진로 설정이 답이다	• 281
고등학교 교육과정과 대학 학과 연계해 탐색하기	• 284
학교생활기록부, 입시의 설계도를 완벽 분석하라	• 288
선행학습, '빠르게 많이'보다 '천천히 확실히'	• 290
1등급 사수가 중요한 5등급제 내신과 평가 변화	• 293
내 아이에게 맞는 고등학교 선택 가이드(일반고·특목고·자사고)	• 296

로드맵 3. 고등학교 3년 - 대학 합격을 설계하는 시간
: 현실적인 전략으로 나만의 합격 로드맵을 완성하라

고등학교 3년, 학년별 전략 로드맵을 짜라	• 302
고등학교 1학년, 무조건 학생부종합전형으로 시작	• 307
고등학교 2학년, 학종·논술·수능 전략의 분기점	• 310
고등학교 3학년, 수시원서 6장으로 완성하는 입시 전략	• 313

머리말

**초등부터 대학 입시까지,
우리 아이가 만나게 되는 문제를 보면
진짜 입시가 보입니다!**

　자녀의 입시를 앞둔 학부모에게 입시는 언제나 불안 그 자체입니다. 아이가 스무 살이 될 때까지 함께 웃고 울며 노심초사하게 되지요. 잦은 제도 변화는 이런 불안을 더 키웁니다. 고교학점제 시행 이후 첫 대입인 2028학년도 입시를 앞두고 또다시 판이 출렁이며 많은 학부모님이 혼란스러워합니다. 대한민국에서 학부모가 넘어야 할 가장 큰 산이 '내 아이의 입시'라는 말이 과장이 아닙니다. 입시는 지나고 나면 위에서 내려다보듯 한눈에 보이지만, 겪는 동안에는 캄캄한 터널처럼 느껴집니다.

입시가 아무리 바뀌어도 누군가는 기회로 만든다

이 책은 아이의 입시를 모두 치러 본 학부모이자, 20년 넘게 교육 전문기자로 활동해 온 제가 입시를 바라보고 준비하는 바른 시각을 담은 결과물입니다. 학교의 입장, 학부모의 목소리, 학생의 현실을 현장에서 들어 온 경험이 녹아 있습니다. 이 한 권으로 모든 불안이 사라질 수는 없지만, 입시의 본질에 가까이 가도록 돕겠다는 약속은 드릴 수 있습니다.

입시는 늘 변해 왔고, 매번 불만도 있었습니다. 그러나 결국 아이를 대학에 잘 보내는 부모는 불만보다 분석을 먼저 합니다. 변화한 규칙에서 무엇이 핵심인지 파악하고 대비한다는 공통점을 갖고 있습니다.

많은 분이 고교학점제가 교육과정과 입시를 크게 바꾸었다고 느끼지만, 실상 핵심은 이미 학생부종합전형이 자리잡으며 예고되어 왔습니다. 2022 개정 교육과정 기반의 고교학점제는 진로에 따른 과목 선택과 학교 활동을 평가의 중심에 두고 있고, 이는 2015 개정 교육과정 체제 속에서 더욱 분명해졌습니다.

중요한 점은, 고교학점제를 잘 활용하면 오히려 대학 가기가 수월할 수 있다는 사실입니다. 과거처럼 교내대회 수상 수십 건, 교외봉사 수백 시간, 독서 수십 권, 소논문 다수 같은 '양적 스펙'의 시대가 지났습니다. 지금은 반영 항목이 간소화되었고, 질 중심·스토리 중심으로 평가가 이동했습니다. 변화의 핵심을 이해하면 입시는 더 쉬워집니다.

엄마가 입시의 본질을 꿰뚫는 가장 확실한 방법

이 책에서 저는 제도의 옳고 그름을 다루기보다는 실전 솔루션을 제시하는 데 주력하려고 합니다. 많은 부모가 입시를 불안으로 시작해 불만으로 끝냅니다. 초등학생에게 고등학교 수학을 공부 시키고, 영어 유치원에 한 달에 수백만 원을 지출하는 우리의 상황이 정상이라고 볼 수 없습니다. 누가 봐도 이상한 개미지옥같은 경쟁을 왜 하게 되었을까요? 제 아이를 비롯해서 백 명이 넘는 명문대 합격생을 인터뷰해 본 결과, 과도한 선행학습을 한 경우를 거의 보지 못했습니다. "언젠가 좋은 대학을 위해 지금은 참고 버텨야 한다"는 막연한 주문보다, 입시가 실제로 무엇을 어떻게 묻는지 보여 주는 것이 가장 직접적입니다.

그래서 저는 질문을 바꿨습니다.

"도대체 대학은 어떤 문제로 무엇을 평가하나?"

초등부터 대학 입시까지 각 단계에서 아이들이 마주하는 실제 문항을 보면 공부의 방향이 보입니다. 서술·논술형은 설명할 줄 아는가, 주장과 근거로 구조화할 수 있는가를 묻습니다. 구술면접은 이제 당락을 좌우할 만큼 중요합니다. 특목고가 유리하다는 말도 일리가 있지만, 대학 구술이 무엇을 어떻게 평가하는지 분석하면 어디에서든 준비할 수 있습니다.

수능과 내신은 무엇이 같고 다른가, 대학 논술은 어떤 유형을 통해 무엇을 평가하는가 ― 이 질문들을 미리 들여다보는 것이 지금 공부의 방향을 올바르게 잡는 가장 빠른 방법입니다. 국가는 입시 문제를 통해 기준을 투명하게 제시하고 있습니다. 그 기준을 정확히 읽으면, 우리 아이가 어디에서 무엇이 부족한지도 보입니다.

정보 전달을 넘어, 방향을 제시하라

정보는 이미 공개되어 있지만, 누군가의 '입맛대로 해석된 정보'가 아이를 힘들게 하지는 않는지 돌아봐야 합니다. 초등 학부모에게 대입은 멀고 복잡하게 느껴지지만, 그 막연한 불안이 오히려 공부를 망칠 수 있습니다. 지금 입시는 그 어느 때보다 학부모의 역할이 큽니다. 설명회 자료를 전해 주는 데서 그치지 말고, 아이가 지치지 않도록 올바른 방향을 제시해야 합니다. 이 책이 그 길의 실질적인 길잡이가 되기를 바랍니다.

이춘희

1부

역량:

합격을 결정하는 6가지

: 이 학생이 스스로 성장하며,
더 깊이 공부하고 협업을 이어갈 힘이 있는가?

입시는 복잡해 보이지만, 대학이 궁극적으로 확인하고 싶은 것은 단 하나입니다. '이 학생이 대학에 와서 스스로 성장하며 학문을 이어갈 힘이 있는가?'라는 점입니다.

20년 넘게 입시 현장을 지켜보며 저는 대학이 어떤 기준으로 학생을 평가하는지 면밀히 관찰해 왔습니다. 평가 방식은 시대에 따라 달라지지만, 학교생활기록부·자기소개서·구술면접·논술·수능까지 모든 과정 속에 반복해서 드러나는 공통 기준이 있었습니다. 그리고 합격하는 학생들에게는 언제나 여섯 가지 뚜렷한 특징이 나타났습니다.

첫째, 기초 학업 능력이 우수한, 즉 공부 잘하는 학생입니다. 가장 기본은 역시 공부입니다. 기초 학업 능력은 모든 전형에서 가장 먼저 보는 요소입니다. 성적이 단순히 높다기보다, 주어진 교과 과정을 충실히 이해하고 응용할 수 있는 힘을 말합니다.

둘째, 자기주도성입니다. 누가 시켜서 억지로 하는 공부는 오래가지 못합니다. 대학이 원하는 건, 자신이 궁금한 것을 찾아내고 스스로 확장해 나가는 학생입니다. 자기주도성이 있어야 긴 입시 여정을 흔들림 없이 이어갈 수 있습니다.

셋째, 탐구력입니다. 단순히 문제만 잘 풀어서 성적만 좋은 학생이 아니라 지적 호기심이 강하고 문제해결력이 높은 학생이 대학에서 더 크게 성장할 가능성이 있습니다.

넷째, 전공적합성입니다. 지원 학과와의 연계성을 보여 주는 것도 중요한 기준입니다. 단순히 "성적이 되니까"가 아니라, 관심 있는 분야와 관련한 교과·비교과 활동을 꾸준히 쌓아 온 학생에게 대학은 높은 점수를 줍니다.

다섯째, 인성이 좋은 학생입니다. 성실함은 언제나 가장 믿을 수 있는 경쟁력입니다. 맡은 일을 끝까지 책임지고, 함께 성장할 줄 아는 학생을 대학은 찾습니다. 이는 학교생활기록부와 추천서, 면접 속 태도에서도 드러납니다.

여섯째, 의사소통 능력입니다. 아무리 많이 알아도 표현하지 못하면 소용이 없습니다. 말과 글로 논리적으로 전달하고, 타인의

초중고 12년 교육과정의 목표와 입시 공통 평가 요소 6가지

평가 요소	핵심 의미	구체적 평가 항목	평가방식
학업 역량	지적 수준과 교과 지식의 탄탄함	• 교과 성적(내신) • 성취도 우수 교과 • 학업태도와 노력 • 지적 호기심	• 학교생활기록부(내신+창체) • 자기소개서 • 구술면접 • 논술시험 • 수능시험
자기주도성	스스로 계획하고 실행하는 힘	• 목표 설정과 실천 과정 • 학습탐구 계획력 • 자기 주도적 활동 참여	
탐구 역량	주어진 문제를 논리적으로 해결하는 능력	• 탐구보고서 • 독서 후 탐구 활동 • 실험·논술·프로젝트 결과물	
진로적합성	해당 분야에 대한 일관된 관심과 준비	• 관심 분야에 대한 활동 이력 • 연계된 교과/독서/체험 • 관련 진로활동	
인성	성실성, 책임감, 공동체 의식	• 동아리/자율활동 내용 • 봉사활동 • 협업 프로젝트 참여	
의사소통 능력	생각을 말과 글로 논리적으로 전달하는 능력	• 발표/토론 경험 • 면접 태도 • 자소서 작성 능력	

의견과 소통하는 능력은 수업 발표, 논술, 면접에서 그대로 평가됩니다.

합격을 가르는 여섯 가지 키워드는 공부를 잘하는 힘, 스스로 주도하는 힘, 탐구하는 힘, 진로와의 연결성, 성실한 인성, 그리고 표현하는 능력입니다. 결국 입시가 묻는 건 단순합니다.

"이 학생이 스스로 성장하며, 더 깊이 공부하고 협업을 이어갈 힘이 있는가?"

이 여섯 가지는 입시를 넘어서 아이가 성인이 되어 살아가는 데 꼭 필요한 힘이기도 합니다. 부모로서 우리가 해 줄 일은 이 여섯 가지 역량이 아이의 생활 속에서 자연스럽게 자라날 수 있도록 기회를 주고 응원해 주는 것일 겁니다.

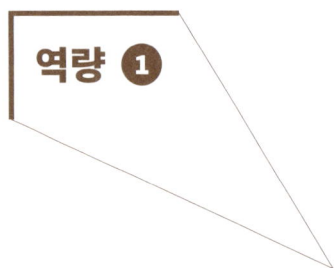

역량 ❶

학업 역량
– 모든 입시의 기초

　입시에서 가장 먼저 보는 것은 언제나 공부하는 힘, 즉 학업 역량입니다. 대학은 단순히 시험을 잘 치르는 학생보다, 입학 후 전공 수업을 버텨 낼 수 있는 실력을 갖춘 학생을 찾습니다. 그렇다면 학업 역량은 어디서 드러날까요?

공부를 '깊이 있게' 할 수 있는가?

　우선, 내신 성적입니다. 고등학교 입시인 자기주도학습전형에서 중학교 특정 과목의 내신 성적이 A여야 하는 것은 최소한의 조건이지만 단순히 내신 성적이 A라는 것만으로 평가하지 않고 학생이 어떤 방식으로 학습해 왔는지, 그리고 앞으로 학업을 이어갈 수 있는 기반이 있는지를 학교생활기록부와 자기소개서, 면접을 통해서 종합적으로 평가합니다.

대학 입시로 올라가면 학업 역량을 평가하는 방법이 한층 더 복잡하고 입체적입니다. 1학년부터 3학년까지 학생이 들었던 교과목의 성적을 종합해서 평균을 낸 것이 전체 내신이고, 이는 실제 원서를 쓸 때 대학이나 학과별로 특정 과목에 가중치를 두어 평가하기도 합니다. 그래서 같은 등급이라도 대학별로 다르게 산출되기도 하는 것입니다. 학생부교과전형에서는 내신성적을 정량적으로 평가하지만 학생부종합전형에서는 단순히 내신 등급만이 아니라 학생이 고등학교 3년 동안 어떤 방식으로 학습하고 성취를 이루어 왔는지 여정도 면밀하게 들여다봅니다.

이수 교과가 무엇인지, 교과간 연계성은 있는지, 그리고 그 과목의 성취도가 얼마나 높은지를 보는 것이 가장 기본적인 내신평가라고 할 수 있습니다. 단순히 점수만을 보는 것이 아니라 자신에게 유의미한 과목을 얼마나 심화하고 도전적으로 이수했는지가 중요합니다. 예를 들어 수학이라면 미적분2, 기하, 경제수학, 인공지능수학, 고급수학 같은 심화 과목을 스스로 선택해 이수했는지가 평가의 포인트가 됩니다.

두 번째는 학생부의 기록입니다. 세부능력 및 특기사항(세특),

창의적 체험활동(창체 — 수행평가 내용, 탐구보고서, 동아리 연구 활동, R&E 프로그램, 과학탐구나 인문사회 탐구 발표 등) 안에는 아이가 어떤 태도로 수업에 참여했고, 어떤 탐구 활동을 이어갔는지가 구체적으로 담깁니다. 대학은 이 기록들을 통해 단순히 시험 점수 이상의 학업 태도와 호기심을 읽어냅니다.

그리고 빠질 수 없는 것이 수능입니다. 내신이 학교마다 다르게 평가될 수 있기 때문에, 대학은 수능이라는 전국 단위 시험을 통해 객관적인 기준을 확인합니다. 2028학년도부터는 통합수능이 도입되어 자격고사적 성격이 강해졌다고 하지만, 여전히 대학은 수능을 중요한 학업 역량 지표로 삼고 있습니다.

대학에서 학생의 학업 역량을 평가하기 위해 두는 최소한의 장치가 바로 수능최저기준입니다. 수능 중심으로 선발하는 정시전형에서도 수능과 학생부를 교차해서 평가하겠다는 것도 바로 학업 역량을 입체적으로 보고자 하는 의도입니다.

여기에 더해 논술과 구술면접도 학업 역량을 보는 중요한 창구입니다. 논술은 단순히 글을 잘 쓰는 것이 아니라, 국어·사회·수학 개념을 연결해 문제를 해결하는 사고력과 표현력을 시험합니다. 구술면접은 한 단계 더 어렵습니다. 교수님 앞에서 제시문을 분석하고 답변을 논리적으로 말해야 하기 때문이죠. 지식을 외운 학생보다는, 이를 구조화해 설명할 줄 아는 학생이 좋은 평가를 받습니다.

입시 전형별 학업 역량 평가요소

전형	평가 요소	평가 근거
학생부종합전형	교과 성취	전 과목에서 성취, 어려운 과목·심화 과목 이수 여부, 학년별 추이
	학업 태도·세특	수업·탐구에서 참여도, 깊이 있는 탐구 기록
	심화·확장 활동	독서·탐구보고서·동아리활동에서 학문적 확장성
학생부교과전형	교과 성적	주요 과목 성취도
	이수 과목	전공 관련 과목·심화 선택 여부
논술시험 구술시험	논리적 사고	제시문 분석·논리 전개, 근거 충실도
	문제 해결	수리·과학 개념 적용 정확성, 풀이 과정
	글쓰기/말하기	논리적·명확한 글쓰기와 말하기
정시(수능 중심)	표준화 성취	수능 상위 백분위, 주요 과목

학업 역량은 내신·세특·수능·논술·구술까지 모든 전형 요소에 공통적으로 반영되는 기본 중의 기본입니다. 대학은 "이 학생이 앞으로도 스스로 학문을 이어갈 수 있을까?"를 가장 먼저 보고 싶어 합니다. 그래서 부모라면 성적표의 점수에만 매달릴 게 아니라, 아이의 공부 과정과 태도까지도 함께 살펴야 합니다.

학업 역량, 어떻게 키우고 찾을까?

학업 역량은 결국 아이가 스스로 학문을 이어갈 수 있는 힘입니다. 단순히 시험 성적을 잘 받는 능력이 아니라, 배운 것을 자기 것으로 만들고 더 깊이 탐구하는 힘이지요. 부모는 이 과정을 옆에서 지켜보고 격려하는 가장 중요한 조력자입니다. 어떻게 도울 수 있을까요?

1. 성적표만 보지 말고 과정을 살펴주세요

시험 점수는 결과일 뿐입니다. 더 중요한 것은 아이가 어떤 방식으로 공부했는가입니다. 성적표를 받았을 때 "왜 틀렸어?"라는 말 대신, "어떤 문제에서 막혔니?", "다음에 어떻게 보완할 수 있을까?"라고 물어보세요. 이렇게 대화하면 아이는 실수에 주눅들지 않고, 배움의 과정을 성장의 기회로 바라보게 됩니다.

2. 심화 과목에 도전하도록 격려하세요

고교학점제 시대에는 과목 선택이 곧 진로와 연결됩니다. 미적분2, 인공지능수학, 심화 사회탐구 과목처럼 조금 더 도전적인 과목을 선택했을 때, 성적이 다소 떨어지더라도 부모가 "잘 도전했어, 조금씩 성장하는게 더 중요해"라고 말해 주는 것이 필요합니다. 점수보다 '도전' 자체를 인정받을 때 아이는 더 멀리 나아갈 수 있습니다.

3. 기록의 힘을 활용하세요

대학은 학교생활기록부(세특·창체)에서 아이가 어떤 과정을 거쳐 배웠는지를 봅니다. 집에서는 탐구보고서, 독서 메모, 발표 자료 등을 작은 포트폴리오로 모아 보세요. 기록 습관은 세특 기록에도 반영될 뿐 아니라, 나중에 면접 준비에도 큰 자산이 됩니다.

4. 논술·구술 대비는 일상 대화로 시작하세요

논술이나 구술은 멀리 있는 시험이 아닙니다. 신문 기사를 하나 읽고 "이 기사에서 말하는 주장은 뭐야?", "네 생각은 어때?"라고 묻는 것만으로도 훌륭한 훈련이 됩니다. 식탁에서의 짧은 대화가 곧 구술면접 대비 연습이 되는 셈이지요.

5. 꾸준한 독서는 최고의 투자입니다

독서는 단순히 교양을 쌓는 차원을 넘어 학업 역량과 표현력을 동시에 키워 줍니다. 읽은 뒤 요약하고 자신의 생각을 말하는 습관을 들여 보세요. 특히 전공과 관련된 책을 함께 찾아 읽는다면, 자연스럽게 진로적합성까지 이어집니다.

역량 ❷

자기주도성
- 스스로 공부하는 힘

입시에서 빠지지 않고 등장하는 단어가 있습니다. 바로 자기주도성입니다. 이름만 들어도 뭔가 대단해 보여서 부담스럽게 느껴질 수 있지만, 사실은 간단합니다. '누가 시켜서가 아니라, 스스로 계획하고 실행하고 성찰하며 성장하는 힘' ― 이게 자기주도성의 본질입니다.

특목고, 자사고 입시 전형 이름이 아예 자기주도학습전형인 것도 같은 이유입니다. 대학 역시 학생부종합전형에서 자기주도성을 꼼꼼히 들여다봅니다. "이 학생이 정말 자기 힘으로 공부해 온 사람인가?"를 확인하고 싶어 하는 것이죠.

학교생활기록부에 드러나는 자기주도성

그렇다면 자기주도성은 어디서 확인될까요? 바로 학교생활기록부와 자기소개서입니다. 예를 들어 세특에 "스스로 추가 자료를 찾아 탐구를 이어갔다", "수행평가 과정에서 부족한 점을 보완하려 노력했다"는 기록이 반복적으로 등장한다면, 면접관은 "아, 이 학생은 자기 힘으로 공부를 확장할 줄 아는구나" 하고 판단합니다. 단순히 '결과'보다 과정을 관리한 흔적이 중요합니다.

실제로 어떤 학생은 과학 보고서에서 자료 조사 방법이 부족하다는 피드백을 받고, 2학기에는 조사 방식을 새롭게 설계해 다시 시도했습니다. 이런 개선 과정이 기록되면, 점수보다 훨씬 강력한 자기주도성의 증거가 됩니다.

면접에서는 더 직접적으로 드러납니다. "어떤 주제를 탐구할 때, 어떤 과정을 거쳤나요?"라는 질문을 받았다고 합시다. 이때 "엄마가 도와주셔서 했어요"가 아니라, '왜 이 주제를 선택했는지(동기)', '어떤 자료를 찾아 어떤 실험·탐구를 했는지(과정)', '무엇을 배우고, 어떻게 다음에 개선했는지(결과와 성찰)' 이 흐름을 스스로 말할 수 있다면 높은 평가를 받을 수 있습니다. 어떤 상황에서 스스로 계획을 세우고 → 실행하며 → 성찰했는지에 대한 구조를 구체적인 사례로 말할 수 있는지가 핵심입니다.

대학이 자기주도성을 중요하게 보는 이유는 단순합니다. 스스로 성장하는 학생은 앞으로도 계속 발전할 가능성이 크기 때문입니다. 단발적으로 "했다"에서 끝나는 것이 아니라, 학년이 올라갈수록 관심과 탐구 주제가 더 깊어지고, 전공과 진로로 연결되는 흐름이 있어야 합니다.

누가 시켜서가 아니라 스스로 움직였는가?

입시에서 말하는 자기주도성은 단순히 '스스로 공부하는 아이' 정도로 끝나지 않습니다. 대학과 학교가 보고 싶은 것은 아이가 어떤 계기로 배움에 관심을 가졌는지, 그 관심을 어떻게 계획으로 옮기고 실행했는지, 그리고 그 과정에서 어떻게 성장했는지입니다.

예를 들어, 한 학생이 환경 문제에 관심을 갖게 되었다고 해 봅시다. 단순히 관련 책을 읽고 끝나는 게 아니라, 과학 과목을 선택해 더 깊이 배우고, 탐구보고서 주제로 확장해 나갔다면? 이건 명백한 자기주도성의 신호입니다. '호기심 → 계획 → 실행 → 성찰'의 순환이 잘 드러난 것이죠.

자기주도성은 실행의 흔적에서도 확인됩니다. 어떤 학생은 수학에서 약점을 발견하고, 스스로 학습 계획을 세워 매일 20분씩 기출문제를 풀며 약점을 보완했습니다. 이런 기록이 세특이나 수행평가에 남아 있다면, 단순히 성적 A나 1등급보다 더 큰 의미를 갖습니다. 성적이라는 결과보다, 부족함을 인지하고 이를 개선하려 했던 과정이 높은 평가를 받는 이유입니다.

또 하나 중요한 기준은 탐구력입니다. 교사가 시킨 과제 수행을 넘어, 스스로 문제를 제기하고 자료를 모아 분석하며 자기만의 답을 만들어 가는 경험이 있느냐는 겁니다. 동아리 연구, R&E 프로그램, 교내 탐구보고서, 심지어 독서를 통해 확장된 학문적 관심까지 모두 여기에 해당합니다. 결국 "내가 궁금해서 시작한 공부인가, 아니면 시켜서 한 것인가?" 이 차이가 드러납니다.

그리고 자기주도성의 핵심은 성찰과 개선입니다. 1학기 과학보고서에서 자료 수집이 미흡했다면, 2학기 보고서에서는 이를 어떻게 보완했는지 보여 줘야 합니다. 작은 실패를 발판으로 더 나은 시도를 이어 가는 모습, 바로 이것이 대학이 찾는 자기주도적 학생의 모습입니다.

대학이 자기주도성을 중요하게 보는 마지막 이유는, 이런 학생이야말로 꾸준히 성장할 수 있는 잠재력을 가졌기 때문입니다. 한 번 하고 마는 단발성 활동이 아니라, 학년이 올라갈수록 탐구 주제가 구체화되고, 방법이 심화되며, 결국 전공이나 진로와 연결되는 흐름이 있어야 합니다. 예컨대 1학년 때 읽은 책에서 시작된 관심이 2학년 선택과목으로 이어지고, 3학년에는 전공 관련

입시에서 자기주도성을 평가하는 방법

평가항목	내용	반영 입시 전형
교과 세특	수행평가, 자유발표, 독서활용 과정의 기록	• 대입 학생부종합전형 • 고입 자기주도학습전형
창체 활동 (동아리/ 자율/진로)	탐구보고서, 발표자료, 실험기록, 프로젝트 포트폴리오	• 대입 학생부종합전형 • 고입 자기주도학습전형
면접 (서류기반)	활동 내용에 대한 심층 질문	• 대입 학생부종합전형 • 고입 자기주도학습전형
자기소개서	동기-목표-실행-결과-성찰 과정에서 단계별 배우고 느낀 점 질문	• 고입 자기주도학습전형

프로젝트로 확장된다면, 대학 입장에서는 "이 학생은 앞으로도 성장할 수 있겠구나" 하고 확신을 갖게 됩니다.

자기주도성, 어떻게 키우고 찾을까?

그렇다면 부모는 아이의 자기주도성을 어떻게 도울 수 있을까요? 흔히 "스스로 해!"라고만 말하는 것이 자기주도성을 기르는 길은 아닙니다. 오히려 아이가 자기 힘으로 공부와 탐구를 이어갈 수 있도록 환경을 마련하고 질문해 주세요.

1. 결과보다 과정을 묻는 질문을 하라

성적표를 받아들고 "왜 틀렸어?"라고 묻는 대신, "어디서 막혔어?", "다음에는 어떻게 해볼까?"라고 물어보세요. 결과보다는 과정을 들여다보는 질문이 아이에게 '실패는 부끄러운 게 아니라, 개선의 기회'라는 메시지를 줍니다. 이 작은 질문이 아이의 성찰과 자기주도성을 끌어내는 출발점이 됩니다.

2. 작은 호기심을 키워 주는 연결 고리

아이의 관심은 빠르게 바뀝니다. 오늘은 공룡, 내일은 우주, 모레는 유튜버가 될 수도 있죠. 중요한 건 이 관심을 흘려보내지 않고 '연결'해 주는 일입니다. 공룡을 좋아한다면 화석 발굴, 생물학 탐구로 이어 주고, 유튜버가 되고 싶다면 영상 기획과 표현력 훈련으로 확장해 줄 수 있습니다. 이렇게 하면 단순한 취미가 탐구로, 탐구가 진로로 발전할 수 있습니다.

3. 실패의 경험도 기록하게 하라

자기주도성은 '완벽하게 해냈다'는 결과보다 실패를 어떻게 보완했는지에서 드러납니다. 과학 보고서에서 자료 수집이 부족했다면, 다음 학기 보고서에서 새로운 방법으로 시도한 흔적이 자기주도성의 증거입니다. 부모는 "잘했어" 한마디보다, "지난 번보다 뭐가 달라졌니?"라는 질문으로 아이가 개선의 과정을 스스로 인식하게 해야 합니다.

4. 스스로 세운 작은 계획을 존중하라

매일 20분 문제집 풀기, 한 달에 책 한 권 읽기처럼 아이가 정한 작은 계획이 있다면, 그 꾸준함을 인정해 주세요. 성적과 직결되지 않아도 '네가 정한 걸 스스로 지켜 냈다'는 경험은 자기주도성의 근육을 키워 줍니다. 부모가 조율자가 되어 주는 것이지, 대신 계획표를 짜 주는 것이 핵심이 아닙니다.

5. 좋은 질문이 최고의 부모 코칭

아이의 자기주도성은 부모의 잔소리가 아니라 좋은 질문에서 자랍니다.

"왜 그게 궁금했어?"
"어떻게 하면 더 잘할 수 있을까?"
"다음엔 어떤 방법을 써 볼래?"

이 세 가지 질문만 습관적으로 건네도, 아이는 스스로 사고하고 답을 찾아가는 법을 배우게 됩니다.

자기주도성은 아이가 혼자 알아서 하는 공부가 아닙니다. 부모가 과정을 존중하며 질문과 연결을 통해 돕는 순간, 아이는 호기심 → 계획 → 실행 → 성찰의 순환을 경험합니다. 이 순환이 반복될수록 아이는 "누가 시켜서가 아니라 스스로 움직이는 힘"을 몸에 익히게 되고, 그것이 바로 입시가 찾는 자기주도성의 본질입니다.

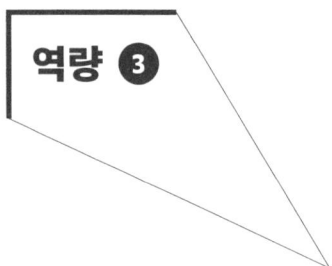

역량 ❸

탐구 역량
- 질문하고 파고드는 힘

입시는 시대에 따라 계속 달라져 왔습니다. 예전에는 객관식 문제 위주라서, '얼마나 많이 외웠는가'가 승부처였죠. 하지만 지금은 스마트폰 하나로 지식이 금세 검색되는 세상입니다. 대학이 보고 싶은 건 단순한 암기력이 아니라 그 지식을 활용해 문제를 해결할 수 있는 힘, 바로 탐구 역량입니다. 이것이 변화된 입시의 핵심입니다. 내신의 영향력이 커지고 수행평가와 논술형·서술형 문항의 비중이 높아지는 이유도 바로 탐구력을 기르고 평가하기 위함이라고 할 수 있습니다.

탐구 역량은 단순히 과제를 한두 번 수행했다는 차원이 아닙니다. 문제를 발견하고 → 질문을 만들고 → 자료를 모으고 →

분석하고 → 결론을 내는 과정을 스스로 이어 가는 능력입니다. 예를 들어, 어떤 아이가 "미세먼지가 호흡기에 어떤 영향을 줄까?"라는 질문을 스스로 세웠다고 해 봅시다. 단순히 기사 몇 개를 모아 요약하는 데서 멈추지 않고, 설문조사로 데이터를 수집하고 그래프를 만들어 해석했다면, 그것이 바로 탐구 역량이 드러나는 순간입니다.

대입 학생부종합전형, 특목고·자사고, 과학고·영재고 입시에서도 탐구 역량은 이미 중요한 평가 요소입니다. 고교학점제는 학생부 기재 내용과 탐구보고서, 세특의 비중이 더 커지는 구조라서 탐구 역량을 어떻게 드러냈는지는 대학 입시 경쟁력과 직결됩니다. 실제로 대학이 학생부를 평가할 때 가장 집중하는 부분이 바로 탐구보고서, 수행평가, 세특 기록입니다. 단순한 성적보다 탐구 과정이 어떻게 기록되어 있는가를 본다는 사실을 학생과 부모님들은 꼭 기억해야 합니다.

탐구 역량, 이렇게 본다

입시에서 탐구 역량은 다섯 가지 기준으로 평가됩니다.

첫째, 문제를 발견하는 눈입니다. 선생님이 준 주제를 그대로 수행하는 데서 그치지 않고, 스스로 질문을 던지는가? 예컨대 '기후 위기'라는 큰 주제를 '미세먼지가 청소년 건강에 미치는 영향'으로 구체화하는 과정이 탐구의 첫걸음입니다.

둘째, 자료를 찾고 걸러 내는 힘입니다. 단순히 인터넷 검색으로 나온 자료를 나열하는 건 부족합니다. 교과 개념이나 학술 자료와 비교·검증했는지, 신뢰할 만한 데이터를 선별했는지가 관건입니다.

셋째, 분석하고 해석하는 능력. 자료를 모았으면 단순 요약이 아니라 자신의 관점으로 해석해야 합니다. 설문조사 결과를 단순 수치로 나열하는 데 그치지 않고, 그래프로 정리하고 의미를 도출하는 모습이 좋은 예입니다.

넷째, 설명하고 표현하는 힘도 중요한 평가의 요소입니다. 대학은 "무엇을 탐구했나?"보다 "어떻게 탐구했나?"를 더 중요하게 봅니다. 보고서든 발표든, 문제 제기 - 탐구 과정 - 결과 - 한계 - 의의를 논리적으로 풀어낼 수 있어야 합니다.

다섯째, 성찰을 통해 확장해 나가는 모습입니다. 고등학생이 완벽한 탐구를 이뤄 내기는 어려울 수 있습니다. 대학도 이를 잘 알고 있습니다. 그래서 탐구의 완결성보다 미숙하지만 과정 속에서 성찰을 통해 부족한 면을 인지하고 지속적으로 탐구를 이어 가겠다는 면모를 보인 학생을 더 좋게 평가합니다. 중요한 건 미흡한 점을 인정하고, "다음에는 이렇게 보완하겠다"는 태도입니다. 예컨대 자료 부족으로 결론이 한계에 부딪혔다면, 이를 발판 삼아 대학 전공과 연결하고 싶다는 열망을 보여 주는 것이 큰 가점 요소가 됩니다.

탐구 역량은 특별한 아이들만의 영역이 아닙니다. 작은 호기심에서 시작해도 됩니다. 아이가 "왜 하늘은 파랄까?"라고 물었다면, 검색으로 답만 보여 주는 대신 함께 책을 찾아보고, 작은 실험을 해 보고 결과를 정리해 보도록 이끄세요. 그 과정이 바로 탐구 역량의 밑거름이 됩니다.

탐구 역량을 평가하는 요소와 평가 방법

평가 요소	내용	반영 전형	평가 자료
문제 인식·주제 설정	주변 현상이나 학문적 내용을 바탕으로 의미 있는 문제를 발견하고, 전공(진로)과 연결된 주제로 발전	• 대입 학생부 종합전형 • 고입 자기주도학습전형	• 과목별 세특(수행 평가 / 자유 발표) • 창체 활동(동아리/자율/진로) • 면접(서류기반)
자료 탐색·활용 능력	다양한 자료를 비판적으로 탐색하고, 신뢰성과 타당성을 고려하여 학문적으로 활용		
분석 및 문제 해결 과정	자료를 창의적·논리적으로 분석하고, 교과 개념을 적절히 적용하여 의미 있는 결론을 도출		
논리적 전개·표현력	탐구 과정을 명확한 구조(문제 제기-과정-결과-의의)로 서술		
성찰 및 확장 가능성	탐구 과정과 결과를 성찰하며 한계·개선점을 인식하고, 후속 탐구나 학문적 관심으로 확장		

탐구 역량, 아이의 '왜?'에서 시작된다

탐구 역량은 단순히 '과제를 잘한다'는 의미가 아닙니다. 아이가 세상을 보면서 "왜 그렇지?"라는 물음을 던지고, 그 답을 스스로 찾아가는 힘을 뜻합니다. 이 힘은 단순한 암기보다 훨씬 오래가고, 결국 대학이 가장 눈여겨보는 역량이기도 합니다. 부모가 집에서 아이의 탐구력을 키워 줄 수 있는 구체적인 방법을 살펴보겠습니다.

1. 사소한 질문을 그냥 넘기지 마세요

아이들이 던지는 질문은 때로는 엉뚱하고 단순해 보입니다.
"왜 하늘은 파랄까?"
"제로콜라는 정말 살이 안 찔까?"
이런 질문을 "그냥 그렇지" 하고 넘어가기보다는, 함께 자료를 찾아보거나 작은 실험으로 연결해 보세요. 예를 들어, 빛의 파장 그림을 함께 찾아본다든지, 설탕이 든 음료와 제로콜라를 냉동실에 넣어 비교해 보는 활동만으로도 탐구의 출발점이 됩니다.

2. 탐구 노트 만들기

학교 과제만 기록하는 노트가 아니라, 궁금했던 점·찾아본 자료·내 생각을 정리하는 '탐구 노트'를 만들어 보세요.

질문 → 자료 수집 → 내가 이해한 내용 → 더 알고 싶은 점, 이 네 가지를 틀로 삼아 간단히 적기만 해도 충분합니다. 몇 장 쌓이다 보면 아이 스스로 자기 탐구 과정을 보며 성취감을 느끼게 됩니다.

3. 뉴스와 생활 속 현상을 공부와 연결하기

시사 이슈나 생활 속 사건을 탐구 주제로 바꾸는 습관을 들여 주세요.

"미세먼지가 호흡기에 어떤 영향을 줄까?"

"AI가 우리 생활에 어떤 변화를 만들까?"

이런 주제는 단순히 기사 읽기로 끝나지 않고, 과학·사회·국어 등 여러 교과와 연결될 수 있습니다. 아이가 직접 발표자료를 만들어 보게 하면 더 큰 학습 효과가 있습니다.

4. 발표와 설명 기회를 자주 주기

탐구는 결과보다 과정을 말로 풀어내는 것에서 완성됩니다. 부모 앞에서라도 "이번에 조사한 내용을 5분 동안 설명해 볼래?"라고 기회를 주세요. 설명하는 과정에서 사고가 정리되고, 부족한 부분도 스스로 알게 됩니다.

5. 완벽함보다 성찰을 강조하기

    탐구활동은 당연히 미흡할 수밖에 없습니다. 부모가 "이게 틀렸네", "이건 부족하네"라는 피드백만 주면 아이는 금세 흥미를 잃습니다. 대신 "이번에 부족했던 건 뭐였어? 다음에 어떻게 해 볼 수 있을까?"라고 물어보세요. 탐구의 핵심은 결과보다 성찰이기 때문입니다.

    탐구 역량은 거창한 연구실에서만 자라는 게 아닙니다. 아이의 "왜?"라는 질문을 존중하고, 그 과정을 기록·설명·성찰하게 도와주는 것이 최고의 훈련입니다.

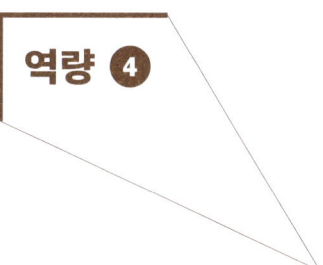

역량 ❹

전공적합성
- 우리 학과에 맞는 학생인가?

　입시에서 늘 빠지지 않고 등장하는 것이 바로 전공적합성(진로적합성)입니다. 대학은 학생을 뽑을 때 "무엇을 하고 싶어 하나?"보다 "정말 할 수 있나?"를 묻습니다. 좋아한다고 해서 누구나 잘 할 수 있는 건 아니지요. 입시는 냉정합니다. 아무리 관심이 많아도 그에 걸맞은 학업 기반과 경험이 없으면 선발하기 어렵습니다.
　이 원칙은 대학뿐만 아니라 고등학교 입시에서도 그대로 적용됩니다. 자기주도학습전형을 통해 학생을 뽑는 특목고나 자사고 역시, 학생의 꿈이 해당 학교의 교육과정·인재상·전공 계열과 얼마나 연결되는지를 꼼꼼히 살펴봅니다. 다시 말해, 단순히 "의사가 되고 싶다"가 아니라, 학교 안팎의 활동이 그 꿈과 일관되게 이어져 있는가가 중요한 평가 요소인 것이죠. 막연히 "꿈이 있다"가 아니라, 그 꿈을 위해 어떤 활동을 하고 어떤 흔적을 남겼는지가 중요합니다.

전공적합성을 드러내는 다섯 가지 방법

대학 입시에서 학생의 전공적합성을 평가할 수 있는 요소는 어떤 것이 있을까요?

첫째, 가장 중요한 것은 관련 과목 이수와 성취도입니다. 고교학점제가 시행되면서 전공 관련 과목을 어떻게 선택하고, 얼마나 깊이 있게 공부했는지가 중요해졌습니다. 예를 들어 공대에 가고 싶다면 미적분·기하·물리 심화 과목을 이수하고 좋은 성취를 보여야 합니다. 인문학 계열을 준비한다면 사회·국어 과목에서 논리적 분석력과 심화 탐구 과목 이수가 필수입니다.

- 예: 공대 지원 → 미적2·기하, 물리·화학 심화 과목 이수
- 예: 인문계 지원 → 사회·국어에서 논리·분석 과목, 심화 탐구 과목 선택

둘째, 세특 속 탐구 활동입니다. 교과별 세특에는 학생이 어떤 주제에 관심을 두고 얼마나 깊이 탐구했는지가 잘 드러납니다. 예컨대 수의학과를 희망하는 학생이 '동물실험 윤리 토론'을 바탕으로 생명과학 실험으로 연결한 뒤, 수의학 전공과 연계해 보고서를 작성했다면, 이는 전공적합성의 훌륭한 사례입니다.

- 예: 수의학과 희망 학생 → 동물실험 윤리 토론 → 생명과학 실험 → 수의학과 교육과정과 연결

셋째, 전공과 연결된 독서는 전공적합성을 판단하는데 필수 핵심입니다. 단순히 책 목록만 적는 것이 아니라, 책을 읽고 나서 어떻게 탐구로 이어 갔는지 기록하는 것이 중요합니다. "환경 관련 책을 읽고 기후 정책 토론 발표로 연결했다"는 흐름이 있으면 훨씬 설득력 있습니다.

- 예: 환경 관련 책 읽기 → 환경 동아리 프로젝트로 확장 → 보고서 작성

넷째, 교과에서 머물지 않고 비교과 활동으로 이어 나간 모습입니다. 동아리활동, 교내대회, 진로체험 활동 역시 전공과 연결되면 강력한 근거가 됩니다. 예를 들어 국제무역학과를 희망하는

학생이라면 경제과목 성취도뿐 아니라 경제경영 동아리, 모의유엔 활동, 국제교류 행사 참여 등이 전공적합성을 입체적으로 보여 주는 길입니다.

- 예: 무역학과 희망 → 경제 과목 이수 + 경제경영 동아리 + 모의유엔 참여 + 국제교류 행사 경험

다섯째, 이 학문을 발전시킬 사람인지에 대한 판단입니다. 지속성과 일관성은 전공적합성을 평가할 때 매우 중요한 요소라고 할 수 있습니다. 무엇보다 대학이 높게 보는 것은 꾸준히 이어진 관심사입니다. 1학년 때 독서에서 시작한 주제가 2학년 선택 과목으로, 또 3학년 비교과 활동으로 이어지는 흐름이 있으면 전공에 대한 진정성과 열정이 확실히 드러납니다. 활동의 양보다 "점이 아니라 선으로 연결된 스토리"가 중요합니다.

- 예: 1학년 공통과목 및 독서 → 2학년 심화 과목 선택 → 3학년 비교과 활동으로 발전

아이의 전공적합성은 하루아침에 만들어지지 않습니다. 교과, 비교과, 독서, 탐구 활동이 서로 끊기지 않고 이어지도록 지도하는 것이 중요합니다. 활동을 억지로 많이 시키는 것보다, 아이가

진짜 관심 있는 주제를 꾸준히 이어가도록 돕는 것이 가장 큰 힘이 됩니다.

입시에서 전공적합성이란 결국 "우리 학과에 잘 맞는 학생인가?"라는 질문에 답하는 것입니다. 아이의 학교생활기록부 곳곳에 그 답이 자연스럽게 녹아 있다면, 대학은 주저 없이 그 아이를 선택할 수밖에 없습니다.

전공적합성 평가요소 및 방법

평가 요소	평가 내용	입시전형	평가자료
교과 성취·과목 이수	전공 관련 교과 성취도, 심화 선택 과목 이수 및 도전적 학습	•대입 학생부 종합 전형 & 논술 전형 •고입 자기주도학습 전형	•교과영역 -전공관련 교과 이수 여부 -전공관련 교과 성취도 -세부능력 및 특기사항 •비교과 영역 -교과와 연계한 창체 활동(동아리/진로/자율활동) •구술면접(서류기반/제시문기반) •논술시험(계열별 출제) •고입 자기소개서
탐구 활동·프로젝트	전공과 관련된 탐구·프로젝트 수행, 문제 인식-탐구-분석-결과 전개 명확		
독서 및 학문적 관심	전공 관련 독서 경험, 읽은 내용을 탐구활동에 활용		
창체 (동아리·자율·진로활동)	전공과 연계된 비교과 활동 꾸준한 수행을 통한 학문적 성장		
표현력·연결성	전공 관심과 활동을 논리적으로 연결해 설명, 대학 학업 계획과 연계성		
지속성·일관성	학년이 올라가면서 관심·활동이 심화·발전된 모습 일관된 흐름		

전공적합성, 어떻게 키우고 찾을까?

"우리 아이는 어떤 전공이 잘 맞을까?" 부모라면 누구나 한 번쯤 던지는 질문입니다. 입시에서 전공적합성은 단순히 대학이 좋아하는 조건이 아니라, 아이가 미래 학문을 이어갈 준비가 되었는지를 보여 주는 핵심 지표입니다. 그렇다면 부모는 어떻게 아이가 전공적합성을 키우고, 스스로 진로를 탐색할 수 있도록 도울 수 있을까요?

1. 과목 선택에서 시작된다

고교학점제 이후 과목 선택은 곧 진로의 방향을 드러내는 첫 단추입니다.

- 사례 ① 공학 계열: 공대 진학을 희망하는 학생이라면 수학에서 미적분·기하, 과학에서 물리·화학 심화 과목을 선택해 이수해야 합니다. 단순히 교과서 범위 안에 머물지 않고, 기계 구조나 전기회로 같은 실생활 사례와 연결하면 전공적합성이 더 선명해집니다.
- 사례 ② 인문 계열: 법학이나 정치외교학을 꿈꾸는 학생은 심화 사회탐구 과목(정치와 법, 사회문화)을 선택하고, 국어 과목에서 논증과 글쓰기 역량을 기르는 것이 좋습니다.

2. 활동은 '깊이'가 중요하다

전공적합성은 활동의 양이 아니라 맥락과 깊이에서 드러납니다.

- 사례 ③ 의학 계열: 단순히 과학 동아리에 가입하는 것보다, '생명 윤리 토론 → 생명과학 실험 → 탐구보고서 작성'으로 이어지는 활동 흐름이 중요합니다. 예를 들어 '동물실험 윤리'에 대한 발표 후, 이를 실제 생명과학 실험 탐구와 연결한다면 대학은 이 학생이 수의학·의학적 관심을 구체적으로 발전시켰다고 봅니다.
- 사례 ④ 경제·경영 계열: 경제 동아리에 참여했다면 단순히 모의 투자에 머무르지 않고, 기후 변화나 인구 구조 변화가 경제에 미치는 영향 같은 주제를 직접 분석·발표하는 것이 좋습니다.

3. 독서와 탐구가 연결돼야 한다

대학은 단순히 '읽은 책 목록'보다, 책이 어떤 탐구로 이어졌는지를 더 눈여겨봅니다.

- 사례 ⑤ 인문 계열: 역사학을 꿈꾸는 학생이 『거꾸로 읽는 세계사』를 읽고, 이어서 특정 시대의 정치제도와 현재 제도 비교 발표로 확장한다면 전공적합성이 뚜렷해집니다.

- 사례 ⑥ 자연과학 계열: 천문학에 관심 있는 학생이 『코스모스』를 읽고 직접 별 관측 프로젝트를 기획해 탐구보고서를 쓴다면, 단순 독서가 '탐구'로 연결된 좋은 예가 됩니다.

4. 진로체험과 비교과 활동 활용하기

교내 동아리, 비교과 활동, 교외 탐구 프로그램은 모두 전공적합성을 드러낼 기회입니다.

- 사례 ⑦ 국제학 계열: 모의유엔 활동, 국제 교류 프로그램 참여는 전공적합성을 직접 보여 줄 수 있는 대표적인 활동입니다.
- 사례 ⑧ IT 계열: 코딩 활동, 앱 개발 프로젝트는 단순 기술 습득을 넘어 "내가 만든 프로그램이 실제 문제를 어떻게 해결했는가"로 이어져야 강점이 됩니다.

5. 점이 아닌 '선'으로 보여야 한다

대학은 학생이 한순간 반짝한 활동보다 시간을 두고 심화되는 흐름을 높이 평가합니다.

- 사례 ⑨ 환경학 계열: 1학년 독서에서 기후 변화에 관심 → 2학년 과학탐구보고서에서 '탄소중립 정책 효과 분석' → 3학년 사회 동아리에서 '지속가능한 발전 토론'으로 이어지는 흐

름이 있다면, 전공적합성은 훨씬 설득력 있게 드러납니다.

전공적합성은 억지로 꾸며낼 수 있는 것이 아니라, 아이의 관심과 호기심을 교과·활동·독서·탐구로 자연스럽게 이어 가는 과정에서 드러납니다. 부모의 역할은 단순히 "이걸 해라"가 아니라, 아이가 이미 걸어 온 작은 발자국들을 잘 묶어 주고, 흩어진 점들을 '선'으로 이어 주는 것입니다.

인성
- 성실하고 함께하는 태도

　입시에서 인성은 절대 빠지지 않는 평가 항목입니다. "공부만 잘하면 되지 않을까?" 하고 생각하실 수도 있지만, 그렇지 않습니다. 대학은 성적표만 보고 학생을 뽑지 않습니다. "이 아이가 앞으로 함께 공부할 동료로서, 또 사회의 일원으로서 얼마나 성실하고 책임감 있는 사람인가?"를 함께 본다는 거죠.

　최근 학교폭력 이슈가 커지면서 정시처럼 성적 중심 전형에서도 인성 평가가 중요해졌습니다. 인성 평가는 고입 자기주도학습 전형뿐만 아니라 영재교육원부터 특목·자사고 입시에서도 마찬가지입니다. 자기소개서 문항에 '협력 경험'이나 '갈등을 해결한 경험' 등 인성 관련 질문이 꼭 등장하는 이유도 여기에 있습니다.

입시에서 인성이 더욱 중요해진 이유는 혼자 공부해서 시험을 보고 좋은 성적을 받는 구조가 아니라 협업이 필요한 팀 프로젝트나 함께 하는 활동이 매우 많기 때문이기도 합니다. 학업 역량과 함께 인성도 매우 중요하게 평가할 수밖에 없는 환경이 된 것이죠. 특히 학생부종합전형에서는 인성이 학업 지속 가능성과 공동체 적응력의 기반이라고 보고 있습니다.

인성을 보는 기준

입시에서 학생의 인성을 평가하는 핵심 요소는 어떤 것들이 있을까요?

우선 성실성을 들 수 있습니다. 출결은 성실성을 보여 주는 가장 직접적인 지표입니다. 무단 지각, 무단 결석은 바로 감점 요소가 됩니다. 성적이 조금 부족해도 꾸준히 노력하고 과제를 성실하게 수행한 흔적은 오히려 플러스 요인이 될 수 있습니다. 예를 들어 매번 기한 내 과제를 꼼꼼히 제출하고, 부족했던 과목도 보완하려는 노력이 기록되어 있다면 성실성이 돋보입니다.

학교 활동이나 학습적인 면에서 보이는 책임감 있는 모습입니다. 맡은 역할을 끝까지 해내는 태도가 중요합니다. 동아리 회장으로 활동 계획을 세워 팀을 이끌거나, 조별 과제에서 끝까지 결과물을 책임진 경험이 대표적입니다.

공동체 생활을 하는 학교에서 협동력은 매우 중요합니다. 입시는 더 이상 혼자 시험 잘 보는 능력만으로 평가되지 않습니다. 프로젝트, 토론, 조별 활동이 많아진 학교 환경에서는 협력 능력이 필수입니다. 조원들의 의견을 경청하고, 다름을 조율하며 함께 결과물을 만드는 모습이 평가의 핵심입니다.

인성은 결국 타인을 얼마나 고려할 줄 아는가의 문제입니다. 학급 친구, 학교, 지역사회에 기여한 경험이 학생부에 기록되면 큰 힘이 됩니다. 학급 봉사, 멘토링, 장애 학생 도우미 같은 활동이 좋은 사례입니다.

대학이 인성을 확인하는 통로는 어디일까?

대학이 학생을 평가하기 위해 들여다볼 수 있는 것은 학교생활기록부가 유일합니다. 담임선생님이 적는 '행동특성 및 종합의견'은 인성 평가의 핵심 자료입니다. 거기엔 배려, 협력, 리더십 같은 요소들이 구체적 사례와 함께 기록됩니다. 세특에도 성실하게 수업에 임한 태도, 조별 활동에서 협력한 모습이 남습니다.

창체 활동에서도 인성은 드러납니다. 예전에는 봉사 시간이 많으면 좋게 평가했지만, 지금은 단순 시간보다 활동의 맥락과 태도를 더 중요하게 봅니다.

대학 면접에서도 인성은 빠지지 않습니다. 단답형 지식보다 답변 태도, 말하는 방식, 진솔함과 겸손함 같은 비언어적 요소도 평가 대상입니다. "팀 활동에서 갈등이 있었을 때 어떻게 해결했나?" 같은 질문은 단골입니다.

대학이 말하는 인성은 단순히 "착하다"는 의미가 아닙니다. 성실성, 책임감, 협력·소통 능력, 공동체 의식이 종합적으로 드러나야 합니다. 중요한 건 학생부 기록이든 면접 답변이든 모두 구체적인 사례로 뒷받침되어야 한다는 점입니다. 결국 대학이 궁금한 건 단 하나입니다. "이 학생은 함께 성장할 수 있는 좋은 동료인가?"

인성평가의 요소와 평가방법

평가 요소	내용	반영 입시전형	평가 자료
성실성	학업·과제를 꾸준한 수행 출결과 태도의 일관성	•영재교육원 •특목자율중 입시 •고입 자기주도학습전형 •대입 학생부종합전형	•학생부 기록 -행동특성 및 종합의견 -전교과 과목별 세특 기록 -창체활동(봉사,동아리,자율,진로활동) -구술면접 -자기소개서
책임감	맡은 역할을 끝까지 수행, 적극적으로 문제를 해결하려는 태도		
협업·소통 능력	타인의 의견을 존중하고 조율, 팀활동 시 주도적·협력적 태도		

: 이 학생이 스스로 성장하며, 더 깊이 공부하고 협업을 이어갈 힘이 있는가?

인성, 어떻게 키우고 찾을까?

입시에서 인성은 더 이상 '덤'이 아닙니다. 성실성·책임감·협력·배려와 같은 요소는 학생부와 면접에서 분명하게 평가되며, 대학이 말하는 '지속가능한 학업 능력'의 기반이 되기도 합니다. 그렇다면 부모와 학생은 구체적으로 무엇을 실천해야 할까요?

1. 작은 성실함이 큰 신뢰를 만든다

성실성은 인성 평가의 첫 번째 기준입니다. 부모는 성적표보다 출결부터 챙겨야 합니다. 무단 지각이나 결석은 직접적인 감점 요인이 됩니다. 학생에게 "시험을 잘 보자"보다 "책임 있게 끝까지 해내자"라는 메시지를 주는 것이 효과적입니다.

- 예: 수행평가 과제를 제출할 때 기한을 지키는 습관, 동아리활동에서 맡은 역할을 빠뜨리지 않는 태도가 곧 성실성의 기록으로 남습니다.

2. 책임감을 길러 주는 경험을 마련하라

책임감은 단순히 '맡은 일'을 끝내는 것을 넘어, 결과에 책임을 지려는 태도에서 나옵니다. 부모는 아이가 가정에서 맡을 수 있는 역할(예: 집안일 일정 부분 책임지기, 동생 챙기기 등)을 주고 끝까지 해내는 경험을 도와줄 수 있습니다.

학교에서는 조별 프로젝트나 동아리 회장 활동 같은 경험이 중요합니다. 부모는 이런 기회를 아이가 부담이 아닌 성장으로 받아들이도록 격려해 주세요.

3. 협력은 입시의 새로운 키워드다

협력은 특히 프로젝트 수업과 수행평가가 늘어난 현재의 교육 환경에서 필수 역량입니다. 부모는 아이가 친구와 갈등 상황을 겪을 때 "누가 잘못했어?"를 묻기보다 "그 상황에서 네가 할 수 있는 건 뭐였을까?"라고 물어보는 것이 좋습니다. 이는 갈등 상황을 성찰하고 협력적 태도로 풀어 가는 힘을 길러 줍니다.

- 예: 모의유엔 동아리활동에서 의견 충돌이 생겼을 때, 타인의 의견을 경청하며 조율한 경험은 학생부 세특에 인성의 근거로 남습니다.

4. 배려와 공동체 의식은 행동으로 드러난다

대학은 학생의 배려심을 구체적 기록으로 확인합니다. 학급 봉사, 멘토링 활동, 장애 학생 지원 활동은 대표적인 사례입니다.

부모는 아이에게 "많이 하라"가 아니라 "왜 이 활동을 하게 되었는지, 하고 나서 무엇을 느꼈는지"를 묻는 습관을 들여 주세요.

활동의 맥락이 기록으로 남을 때 훨씬 설득력이 커집니다.

- 예: 봉사활동 시간보다, 봉사 과정에서 어떤 어려움을 느끼고 어떻게 극복했는지 기록해 두는 것이 중요합니다.

5. 일상 대화 속에서 인성을 키워라

인성은 특별한 훈련이 아니라 매일의 생활 습관에서 길러집니다. 부모가 먼저 경청하는 태도를 보여 주는 것이 중요합니다. 아이가 학교 이야기를 꺼냈을 때, 훈계보다 공감을 먼저 해 주세요.

가정에서 "고마워", "미안해" 같은 말을 자연스럽게 사용하는 문화가 아이의 언어와 태도에도 스며듭니다. 작은 실천이 결국 면접장에서 드러나는 태도와 말투로 이어집니다.

입시에서 인성은 '착한 학생'을 의미하는 것이 아닙니다. 성실하게 학업을 이어갈 수 있는 사람, 공동체 안에서 협력하고 책임질 줄 아는 사람을 말합니다.

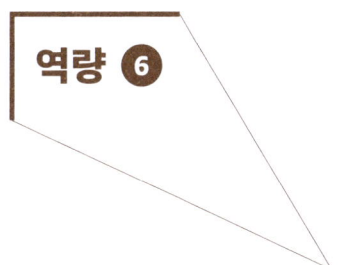

역량 ❻

의사소통 능력
- 듣고 쓰고 말하는 힘

입시뿐만 아니라 오늘날 세상을 살아가는 데 꼭 필요한 능력이 바로 의사소통 능력입니다. 이는 단순히 말을 잘하는 재주를 뜻하지 않습니다. 사실을 정확히 이해하고, 자신의 생각을 조리 있게 표현하며, 동시에 다른 사람의 의견을 경청하고 조율할 수 있는 힘을 말합니다.

대학이 선발하려는 학생도 마찬가지입니다. 지식을 많이 아는 학생보다, 자기 생각을 명확하게 말하고 다른 사람의 말에 귀 기울일 줄 아는 학생을 더 높게 평가합니다.

외고·국제고·자사고 입시에서 치르는 자기주도학습전형만 봐도 알 수 있습니다. 이 전형은 성적만 보는 게 아니라 학업 역량 +

자기주도성 + 인성 + 의사소통 능력을 종합적으로 평가합니다.

예를 들어, 자기소개서에서는 활동 경험을 어떤 구조로 풀어내는지, 글의 설득력이 있는지를 살펴보며 학생의 소통 능력을 간접적으로 평가합니다. 또 면접에서는 자기소개서 기반 질문이나 제시문 기반 질문에 짧은 시간 안에 답변을 해야 합니다. 이때 중요한 건 말솜씨가 아니라, 질문을 이해 → 답변을 조직 → 조리 있게 전달하는 과정입니다.

의사소통 능력, 왜 더 중요해졌을까?

고교학점제가 본격 시행되면서 서술형·논술형 문제가 확대되고, 수행평가의 비중도 크게 늘었습니다. 이제 글쓰기와 발표는 선택이 아니라 일상적인 평가 방식이 된 것이죠.

대학 입시도 마찬가지입니다. 학생부종합전형의 면접, 대학별 구술면접, 논술고사 모두 의사소통 능력을 전제로 합니다. 다시 말해, 의사소통은 입시 전 과정에서 빠질 수 없는 평가 요소가 되었습니다.

대학은 학생의 의사소통 능력을 네 가지로 나누어 봅니다.

첫째, 명확한 표현력입니다. 이는 자신의 생각을 글과 말로 논리적으로 풀어내는 힘입니다. 국어나 영어 같은 언어 과목뿐만 아니라 수학·과학 문제를 설명할 때도 중요합니다. 실제로 자연계열 구술면접에서는 학생이 문제 풀이 과정을 칠판에 적으며 논리적으로 설명하는 방식을 평가합니다.

둘째, 경청의 자세입니다. 상대방의 질문을 정확히 이해했는지도 평가합니다. 면접 자리에서 "제가 이해한 게 맞는지 확인해도 될까요?"라고 되묻는 태도만으로도 긍정적인 평가를 받을 수 있습니다.

셋째, 토론 능력입니다. 토론은 의사소통의 꽃이라고 할 수 있습니다. 발표가 일방적인 자기 주장이라면, 토론은 상호작용입니다. 감정적으로 자기 의견만 밀어붙이는 것이 아니라, 반대 의견을 합리적으로 받아들이거나 논리적으로 반박할 수 있는지를 봅니다.

넷째, 의사소통 능력의 가장 기본인 글쓰기입니다. 단순히 문장을 잘 쓰는 게 아니라, 사고를 구조화하고 논지를 분명히 할 수 있는 능력이 핵심입니다. 내신의 서술형·논술형 문제, 탐구보고서, 자기소개서, 대학 논술고사까지 모두 글쓰기 역량을 평가하는 과정이라 할 수 있습니다.

결국 대학이 확인하고 싶은 건 이겁니다.
"이 학생이 배우고 싶은 것을, 다른 사람과 소통하며 성장시켜

나갈 수 있는가?"

아이가 학교에서 발표나 토론을 부담스러워한다면, 작은 기회라도 놓치지 않게 응원해 주세요. "틀리면 어때, 네 생각을 말하는 게 더 중요해"라는 격려 한마디가 아이의 자신감을 키우는 가장 좋은 밑거름이 됩니다.

의사소통 능력 평가 요소와 평가방법

평가 요소	우수 기준	입시전형	평가 자료
명확한 표현력	자신의 생각을 논리적·조리 있게 말하거나 글로 명확히 전달함.	•영재교육원 •특목중자율중 입시 •고입 자기주도학습 전형 •대입 학생부종합전형 •대입 논술전형	•학교생활기록부 -세특에 기록된 발표, 토론, 조별활동, 서술형·논술형 문항, 수행평가 기록 -창체에 기록된 토론, 모의유엔, 발표, 글쓰기 관련 기록 •구술면접(서류/제시문) -말하는 태도, 논리전개, 경청 모습 •논술시험 논리적 글쓰기/풀이과정 쓰기
경청과 이해	상대방의 의견을 주의 깊게 듣고, 맥락을 정확히 이해하며 적절히 반응함.		
논리적 대화·토론	자신의 주장을 근거와 함께 제시하고, 반대 의견도 존중하며 합리적으로 반박·수용함.		
글쓰기 표현력	글로 사고를 구조화해 논지를 분명히 전달하며, 설득력 있는 글을 작성함.		

의사소통 능력, 어떻게 키우고 찾을까?

입시에서 의사소통 능력은 단순히 말을 잘하는 학생을 가려내는 항목이 아닙니다. 생각을 논리적으로 전달하고, 다른 사람의 의견을 경청하며, 대화 속에서 협력할 수 있는 힘을 보려는 것이죠. 그런데 이 역량은 사실 집 안에서부터 충분히 길러낼 수 있습니다. 부모가 조금만 신경을 쓰면 아이의 말하기·듣기 습관은 훨씬 건강하게 성장합니다.

1. 경청을 먼저 보여 주기

아이와 대화할 때 부모가 스마트폰을 내려놓고 눈을 맞추며 들어주는 것, 이것이 곧 최고의 의사소통 교육입니다. 아이는 부모의 태도를 거울처럼 배우기 때문입니다.

대화 중에 "네가 하고 싶은 말은 이런 거지?"라고 되묻는 습관을 들이면, 아이도 자연스럽게 경청과 확인의 태도를 익히게 됩니다.

2. 식탁에서 펼치는 작은 토론

굳이 거창한 주제가 아니어도 됩니다. 오늘 뉴스에서 본 사건, 학교에서 있었던 일, 좋아하는 유튜브 영상 하나도 좋습니다.

"너는 어떻게 생각해?", "혹시 다른 방법은 없을까?" 같은 열린 질문을 던져 보세요. 아이가 단답형이 아니라 이유와 근거를 붙여 말하는 습관을 기르는 데 큰 도움이 됩니다.

3. 글쓰기와 말하기를 연결하기

의사소통 능력은 글과 말이 함께 자라야 단단해집니다. 아이가 독서 후 짧게 메모한 내용을 부모 앞에서 발표하게 해 보세요.

책에서 가장 기억에 남는 부분 한 줄 찾기 → 그 이유 설명하기 → 내 생각 말하기라는 세 단계만 꾸준히 해도 논리력이 눈에 띄게 향상됩니다.

4. 갈등 상황은 훈련의 기회

형제자매나 친구와의 갈등은 피하고 싶은 순간이지만, 사실은 최고의 의사소통 훈련장입니다. 부모가 나서서 해결해 주는 대신, "서로 입장을 바꿔서 말해 보자"라고 권유해 보세요. 상대의 입장에서 말해 보는 경험은 경청과 배려의 힘을 키우는 데 매우 효과적입니다.

5. 부모의 피드백은 내용에 집중하기

아이가 발표를 하거나 글을 썼을 때 "잘했다/틀렸다"보다 "네 의견이 흥미롭네, 그런데 근거를 조금 더 말해 줄 수 있니?"처럼 논리 구조와 표현 방식에 초점을 맞춰 칭찬하고 보완해 주세요. 아이는 '결과'보다 '과정'에 신경 쓰게 됩니다.

의사소통 능력은 하루아침에 길러지지 않습니다. 하지만 부모가 경청하고 묻고 칭찬하는 일상적 습관을 쌓아 준다면, 아이는 어느새 생각을 논리적으로 말하고, 타인을 존중하며, 자신감 있게 표현할 수 있는 힘을 갖게 됩니다. 이는 입시를 위한 준비를 넘어, 평생 필요한 삶의 기술이 됩니다.

: 이 학생이 스스로 성장하며, 더 깊이 공부하고 협업을 이어갈 힘이 있는가?

더보기

고교학점제
-'내 아이가 무엇을 좋아하고, 어떤 세상에서 살아가고 싶은가'

2025년부터 고등학교 교육 현장에 '고교학점제'가 전면적으로 시행되고 있습니다. 이 변화는 단순히 교실 수업 방식만 바꾸는 것이 아니라, 대학 입시의 큰 방향과 기준까지 함께 흔드는 제도적 전환입니다. 그렇기에 초등학생 자녀를 둔 학부모부터 지금 고등학생을 둔 부모까지, 모두가 이 변화를 정확히 이해하고 자녀에게 맞는 준비를 시작해야 합니다.

대학 입시도 당연히, 달라집니다. 특히 2028학년도 입시부터는 (현재 고등학교 1학년 대상) 고교학점제의 취지를 반영한 학생부 중심 전형의 영향력이 더 강화될 것으로 보입니다.

대학은 이제 수험생이 어떤 과목을 선택했고, 어떤 방식으로 탐구했는지를 주의 깊게 살펴보게 됩니다. 예컨대 의대를 희망하는 학생이라면 생명과학Ⅱ, 화학Ⅱ 같은 과목을 선택하고 이수한 기록이 전공적합성 평가에 중요한 근거가 됩니다. 단순히 점수로 뽑는 것이 아니라, '왜 이 과목을 선택했는가', '어떤 관심과 목표로 탐구했는가'를 보는 방향으로 평가가 변화하는 것입니다.

또한 일부 과목에서는 절대평가 방식인 성취평가제가 도입되어, 과목별 성적이 A~E의 등급으로 부여됩니다. 따라서 등수나 상대적 비교보다는 자신이 진로에 따라 어떤 공부를 하고, 어떻게 성장했는지를 증명하는 과정이 중요해집니다.

대학은 학생들이 진학하는 것이지만, 학부모가 관심을 가지고 지켜봐 주면 아이의 진로에 좋은 영향을 미칠 수 있습니다.

부모는 무엇을 준비해야 할까요? 가장 중요한 것은 아이의 진로 탐색을 도와주는 일입니다. 이 제도는 진로를 모르면 오히려 혼란스럽고 비효율적인 학습이 되기 쉽기 때문입니다.

초등학교부터 아이가 관심 있어 하는 분야를 경험하게 해 주고, 책을 읽거나 관련된 체험을 하며 관심의 방향을 잡아가도록 도와주세요. 특히 중학교 시기에는 다양한 분야를 접하고, 고등학교에 올라갈 때쯤에는 구체적인 진로 희망이 어느 정도 정리되어야 과목 선택을 전략적으로 할 수 있습니다. 고등학생이라면 학교에서 제공하는 과목 편성표를 정확히 파악하고, 대학에서 요구하는 전공 관련 과목을 미리 확인해 선택하는 것이 매우 중요합니다. 내신 성적 못지않게, 어떤 과목을 선택했고, 그 과목 안에

항목	기존	2025년부터
수업 방식	학년별, 반 단위 고정 수업	과목 선택형 수업
졸업 요건	3년 출석 기준	192학점 이수 기준
평가 방식	상대평가 중심	절대평가 확대(공통과목 등)
학생 역할	교과목 수동 수강	진로 기반 능동적 선택

서 어떤 탐구 활동을 했는지가 평가에 반영됩니다.

또한, 학생부의 핵심 기록인 세특(교과 세부능력 및 특기사항), 창체(창의적 체험활동) 등을 풍부하게 남기기 위해 수업 참여, 발표, 탐구보고서 작성, 독서, 토론 등에 적극적으로 임할 수 있도록 부모가 관심을 가져야 합니다. 자칫 놓치기 쉬운 활동들이 학생부에 기록되지 않아 입시에 활용되지 못하는 경우가 있기 때문입니다.

교육이 바뀌면, 준비의 방향도 달라져야 합니다. 입시의 룰이 바뀌면, 준비의 방식도 바뀌어야 합니다. 고교학점제는 '내 아이가 무엇을 좋아하고, 어떤 세상에서 살아가고 싶은가'에 대한 본질적인 질문을 던지는 제도입니다.

입시는 더 이상 단순히 성적을 올려서 합격하는 싸움이 아니니

구분	준비 전략
초등~중등	흥미·적성 탐색 → 진로 스토리 구상, 융합적 활동 유도
고1~2	전공 연계 과목 전략적 선택, 탐구보고서 등 학생부 강화
고3	수능 준비 + 정리된 활동으로 학종 정리

다. 아이가 스스로의 방향을 설정하고, 그에 맞춰 계획을 세우고, 스토리를 써 내려가는 길고 깊은 탐색의 과정이 입시가 됩니다.

부모는 그 여정에서 조력자이자 가이드가 되어야 합니다. 아이의 가능성을 열어 주고, 아이가 목표하는 곳에 다다를 수 있도록 탄탄한 기초와 사고력, 탐구력을 기르는 환경을 만들어 주는 것이 바로 지금 우리가 할 수 있는 최고의 준비입니다.

2부

전략:

반드시 통하는
초·중·고 12년
입시 전략 7

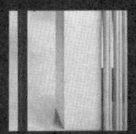

: 문제 유형을 읽고 설명하는 힘,
이 학생은 입시의 본질을 꿰뚫고 있는가?

전략 ❶

정답보다 중요한 건 '설명하는 힘'

제가 아이의 공부를 놓고 불안해하거나 조급해하지 않을 수 있었던 이유가 있습니다. 옆집 아이의 선행학습 진도에 신경 쓰는 대신 저는 학교 시험 문제 '유형'을 분석했습니다. 객관식(선다형), 주관식(단답식), 서술형, 논술형, 수행평가 등 학교에서 출제하는 문제의 유형을 풀어내려면 어떤 능력을 갖추어야 하는지를 살피고 아이가 이러한 문제 유형에 익숙해지도록 지도했습니다.

예를 들어 초등학교와 중학교 시기, 중간고사나 기말고사 시험 공부를 할 때는 엄마인 제가 직접 학습을 도와주기도 했습니다. 아이가 교과서, 자습서, 학교 프린트물을 가지고 내용을 이해하고 암기하는 기본적인 학습을 끝내고 나면 저에게 자신이 외운 내용을 물어봐 달라고 합니다. 저는 이런 기회를 잘 활용했습니다.

아이가 푸는 문제집에 나오는 문제 유형을 보면 어떤 개념이나 원리를 물을 때, 문제에서 모든 걸 설명한 후 학생은 답을 맞히거나 괄호 안에 답을 쓰도록 하는 문제들이 대부분이었습니다. 저는 이런 문제를 그대로 묻지 않고 "삼권분립이 무엇인지 설명해 볼래?", "삼권분립이 잘 운영되기 위해 무엇이 필요할까?", "삼권분립이 잘 운영된 나라의 사례를 찾아 볼까?"와 같은 방식으로 아이와 꼬리에 꼬리를 무는 대화를 이어 나갔습니다.

시험을 본 날 시험지를 집에 가져오면 아이와 함께 객관식 문항, 주관식 문항과 서술형·논술형 문항 등을 유형별로 살펴보며 문제 유형을 파악하면서 왜 이렇게 답을 썼는지 얘기해 보는 것을 습관적으로 했습니다.

물론 아이가 해야 하는 모든 공부를 이런 식으로 진행할 수는 없을 것입니다. 제가 아이에게 이런 식으로 질문을 한 이유는 아이의 이해력과 아는 것을 명료하게 설명할 수 있는 서술 능력, 비판적 사고력을 살펴보기 위해서였습니다.

아이는 저의 질문에 외운 개념을 곧잘 설명하고 제가 유도한 대로 사고를 확장해 배우지 않은 부분까지도 추론해서 답하는 모습을 보였습니다. 그리고 무엇보다 아이가 이런 대화시간을 좋아했습니다. 답이 맞고 틀리고에 대한 부담이 없었기 때문이겠죠.

저 또한 이러한 대화 가운데 아이의 학습 역량을 파악할 수 있었고 필요한 역량을 키워 줄 수도 있었습니다. 제가 아이에게 무리해서 선행학습을 당기지 않고 때가 되면 공부를 잘 할 수 있다는 확신을 가질 수 있었던 이유입니다.

같은 문제라도 이것을 객관식으로 출제하느냐 서술형이나 논술형으로 출제하느냐에 따라 아이들은 크게 달라집니다. 정답을 고르는 것과 설명하는 것(서술형) 그리고 자신의 생각까지 논리적으로 구성하는 것(논술형)은 다른 능력임이 분명하기 때문이죠.

출제 문항의 유형이 중요하다고 깨닫게 된 계기가 있습니다. 문제를 특별하게 출제한다는 분당 지역의 한 초등학교를 취재한 적이 있습니다. 그때는 학교에 서술형·논술형 문항 출제가 일반화되기 전이었는데요. 그 초등학교는 모든 문제를 서술형으로 출제했습니다. 파격이었죠. 당시에 저희 아이가 초등학생이었기 때문에 각별한 관심을 가지고 취재했던 기억이 있습니다. 다른 학교와 다른 유형의 문제를 출제해서 아이들을 힘들게 한다는 이유로 학부모님들의 반발도 없지 않았습니다.

그런데 100% 서술형 평가를 실시한 지 몇 년 후 그 학교는 분당 학부모들이 가장 선호하는 초등학교가 되었습니다. 그 학교 출신 아이들이 중학교에 올라가 각 학교의 1등을 도맡아 하는 상황이 벌어졌고 고등학생이 되자 각 고등학교의 전교 1등이 되는 일이 벌어졌기 때문입니다. 저는 분당 지역에서 아이를 키우고 20년 가까이 취재를 해 온 터라 그 아이들의 궤적을 파악할 수 있었습니다. 분당 학생들 중에서 선행학습을 하지 않는 아이는 거의 없습니다. 그 학교 아이들도 당연히 선행학습을 했을 겁니다. 같은 선행을 했어도 결과가 다르게 나온 것은 시험이 끝나면 휘발되는 암기형 학습이 아닌 지식을 체화할 수 있도록 유도하는 문제에 일찌감치 익숙해진 덕분일 것입니다.

지식을 암기하고 시험을 본 후 대부분 잊어버리는 양적인 공부보다 적은 양이라도 자신의 생각을 덧붙여 논리적으로 주장할 수 있는 공부가 진짜 공부라고 생각합니다. 제가 아이에게 무의미한 진도 빼기 선행을 시키지 않은 이유이기도 합니다. 이른바 '공부의 신'이라고 불리는 아이들을 인터뷰하다 보면 빠지지 않고 하는 얘기 중의 하나가 문제를 많이 풀기보다는 '출제자의 의도'를 파악했다는 것입니다.

문제를 출제하는 사람은 문제를 통해서 평가하고자 하는 목표가 반드시 존재합니다. 문제를 잘 푸는 학생은 문제에 끌려가지 않고, 출제자가 무엇을 묻고자 했는지를 파악하여 효과적으로 대응합니다. 아이에게 이런 훈련이 되어 있다면, 선행학습이 없어도 충분히 경쟁력 있는 공부가 가능하다는 확신을 저는 가지고 있습니다.

전략 ②

상위 1%를 가르는 힘은 '문제의 유형' 파악에 있다

모든 문제는 변별력이 필요합니다. 우수한 학생을 선별하기 위한 입시 경쟁이 계속되는 한 문제의 난이도는 존재할 수밖에 없기 때문입니다. 그렇다면 최상위권을 가르는 변별력은 어디서 나올까요? 저는 그 역시 문제의 유형에서 찾을 수 있었습니다.

초등학생에게 서울대 입시는 너무나 먼 얘기입니다. 당장 내 아이가 서울대에 갈 수 있는 아이인지는 현재의 상황에서 정확하게 알기는 힘들죠. 그럼에도 엄마는 내 아이의 가능성을 매 순간 측정하고 싶어합니다. 그래서 지능검사, 재능검사, 적성검사 등을 수십에서 수백만 원을 들여서 진행하기도 하죠. 이것들보다는 최상위권 대학이 어떤 학생을 뽑는지 분석해 보면 초등 시기부터 어떤 공부가 필요한지 감을 잡을 수 있습니다.

가령 학부모와 학생이 가장 진학하고 싶어 하는 서울대는 학생을 어떻게 선발하는가 분석해 보면 초등학생 때 무엇을 어떻게 공부해야 하는지 알 수 있는 것처럼 말이죠.

최상위권 대학은 단순히 많이 외우고 문제를 많이 푼 학생을 뽑지 않습니다. 개념을 이해하고, 분석하며, 논리적으로 설명하고 자기 생각을 구성할 수 있는 학생을 찾습니다. 다시 말해 문제를 풀 줄 아는 힘이 아니라, '문제를 읽고 해석하고 자기 언어로 말할 수 있는 힘'을 요구합니다.

그런데 많은 학부모들은 이런 능력보다 선행학습 진도에 더 관심을 둡니다. 초등학생 자녀가 중·고등학교 과정을 앞서 나가는 것이 경쟁력이라고 생각하죠. 7세 고시, 초등의대반처럼 지나치게 앞선 교육을 시키는 경우도 많습니다. 초등학생이 중고등학교 공부를 하는 것이죠. 누가 봐도 무리한 선행학습으로 공부 정서를 깨뜨리지 않을까 염려가 큽니다.

제가 만난 서울대·의대 합격생들 중 초등 때부터 '서울대 대비반', '의대 대비반'에 다녔다는 경우는 거의 없었습니다. 이들 대부분 현행과정을 심화까지 탄탄하게 한 학생들이고 결국 고등학교에 가서 안정적인 성적을 받은 경우입니다. 빨리 가는 것이 앞서가는 것이라는 착각에 빠지지 않아야 합니다.

학원 설명회에 가 보면 그 본질이 잘 드러납니다. 설명회는 하위권 학생의 성적을 올리기 위해 마련된 자리가 아닙니다. 최상위권은 이렇게 공부하고 있으니 어머님의 자녀도 이렇게 해야 한다는 얘기가 핵심입니다. 그래야만 엄마들의 불안감을 불러일으킬 수 있기 때문이죠. 저는 기자로 활동하면서 학원 원장님들과 설명회 기획 회의에 참여하기도 했습니다. 학원이 설명회를 하는 목적은 더 많은 학생을 등록시키기 위해서죠. 그들이 말하는 공부 잘하는 아이 엄마들은 사실 설명회를 듣지 않아도 이미 잘하고 있습니다.

설명회를 쇼핑하듯이 여러 학원을 섭렵하는 엄마들도 굉장히 많습니다. 설명회에 다녀온 엄마들이 하는 얘기들 —— '잘하는 아이들은 이렇게 한다더라', '여기가 잘하는 아이들이 다니는 학원이라는데', '요즘 이 레테는 필수라고 해서' 등등 확인되지 않은 말들이 돌고 돌면서 학부모들의 불안감을 부추기는 현상이 반복되고 있는 것 같습니다. SNS나 유튜브를 통한 정보가 확산되면서 입시나 학습 정보가 알려지기도 하지만 불안감이 양산되기도 합니다. 정보가 많을수록 옥석을 가릴 수 있는 눈이 필요합니다. 정보를 선택하고 활용하는 능력이 중요한 것이죠.

전략 ❸

상위권 대학이 원하는 역량, 영재교육원 문제에 있다

　내 아이가 어떤 역량을 지녔는지 초등학교 시기에 판단하는 것은 쉽지 않습니다. 하지만 힌트를 얻고 싶다면, 영재교육원 입시 문제를 한 번 들여다보길 권합니다.

　영재교육원 입시에 출제하는 문제는 기본적으로 초등학교 교육과정 안에서 출제해야만 하기 때문에 중학교나 고등학교에서 배우는 개념을 포함할 수는 없습니다. 이들 문제는 선행이 아닌 초등학교 교육과정에서 최상위 난이도의 문제로, 선행학습이 아니라 '기초 개념의 심화와 실생활 적용 능력'을 보는 문제들이죠.

　아이가 언어나 수학, 과학 분야에 영재성을 보인다면 초등학교 고학년 때 대학교 부설 영재교육원이나 교육청 영재교육원에 도전해 보면 좋습니다. 제가 만난 많은 SKY 합격생들은 초등학교 때 영재교육원에 다닌 경우가 많았습니다. 학교 교육에서는 받기 힘든 창의사고력 중심 교육을 받아 학습에 도움이 된 것으로 보입니다.

영재교육원에 직접 도전하지 않더라도 영재교육원에서는 어떤 교육을 실시하고 어떤 방식으로 학생을 선발하고 있는지 들여다보면 확실히 보이는 것이 있습니다.

영재성은 단순히 성적이 좋은 것을 의미하지 않습니다. 깊이 있는 사고, 창의적 접근, 주도적 탐구 태도 등을 평가합니다. 아이에게 이런 문제를 주었을 때 어떻게 접근하는지를 보면 아이의 성향이나 역량을 파악할 수 있습니다. 지적 잠재력, 창의성, 학업 태도, 문제해결력 등을 종합적으로 평가하는 영재교육원의 선발 요소와 학습 목표는 실제로 SKY 등 상위권 대학 학생부종합전형에서 선발하고자 하는 인재상과 거의 정확하게 일치합니다.

구분	학생부종합전형(대입)	영재교육원 입시
평가 방법	서류 + 면접	서류 + 자기소개서 + 면접/캠프
중시 역량	학업능력, 전공적합성, 자기주도성, 인성, 발전 가능성	창의성, 탐구력, 문제해결력, 인내심
공통 키워드	자기주도적 학습, 종합적 평가, 정성 중심, 잠재력 중시	

여기에서 내 아이가 실제로 영재인지 아닌지는 중요하지 않습니다. 초등학생 때 영재성이 뛰어난 아이가 결과적으로 대학 진학을 못하는 경우도 꽤 많고, 영재성이 없어 보이는 아이가 서울대에 진학하는 경우도 흔합니다. 때문에 초등학교 학부모가 영재교육원 입시 문제를 볼 때 주목해야 할 점은 영재교육원 입시와 대학 입시에서 공통으로 다루는 인재상입니다.

학생부종합전형은 고등학교에서 대학 진학 시, 영재교육원 입시는 초등학교와 중학교에서 활용되는 선발 제도이지만 학생의 '잠재력과 성장 가능성'을 자기주도성, 학생의 역량, 태도, 문제해결력, 성취 과정, 인성 등의 영역으로 나누어 종합적으로 평가한다는 면은 같습니다. 선발 방식도 학생이 제출한 서류를 바탕으로 면접 또는 구술평가를 진행하며 사고력, 논리력, 표현력, 태도 등을 경험 기반으로 질문하거나 제시문 기반으로 질문한다는 점에서 유사합니다. 상위권 대학이 원하는 역량을 영재교육원 문제를 통해 가늠해 볼 수 있습니다.

전략 ④

초등 공부,
영재교육원 질문에서 방향을 찾다

모든 영재교육원에서는 아이의 영재성, 탐구 경험, 학습 태도, 창의성을 판단하기 위해 자기소개서를 제출받습니다. 대학 입시에서 자기소개서는 폐지됐지만 영재교육원에서는 여전히 핵심 평가 자료로 활용됩니다.

각 기관별로 자기소개서 문항이 다르지만 공통적으로 묻고 있는 요소가 있습니다. 스스로 학습하거나 탐구한 경험(자기주도학습경험), 창의적 문제해결 경험, 가장 흥미를 느끼는 과목이나 주제 관련 활동, 협업과 소통 경험, 실패와 극복 경험, 영재교육원에서 이루고 싶은 목표 등입니다.

- 스스로 학습하거나 탐구해 본 경험은 무엇인가요? 그 이유와 과정, 결과를 설명하세요.(자기주도학습경험)
- 문제 해결 과정에서 색다른 방법으로 접근해 본 경험이 있다면 이야기해 보세요.(창의적 문제해결 경험)
- 가장 흥미를 느끼는 과목이나 주제는 무엇인가요? 그 분야에서 어떤 활동을 해 봤나요?(흥미와 탐구주제)
- 다른 사람과 협력해서 문제를 해결한 경험이 있나요? 그때의 역할과 느낀 점은 무엇인가요?(협업과 소통 경험)
- 시도한 일이 잘되지 않았던 경험이 있다면, 어떻게 극복했는지 적어 보세요.(실패와 극복)

자기소개서와 더불어 영재교육원 입시에서 가장 중요한 것은 면접입니다. 면접은 기관에 따라서 자기소개서 기반으로 질문하는 곳도 있고, 자기소개서와 별개로 제시문 기반 질문을 하는 곳도 있습니다. 단순한 암기력보다 사고력과 표현력, 태도를 중시합니다. 특히 '왜 그렇게 생각했는가', '어떻게 접근했는가'를 묻고 정답보다는 사고 과정, 논리 전개, 태도와 표현력을 더 중요하게 봅니다.

- 흥미를 느꼈던 주제는 무엇이고, 관심을 갖게 된 이유는 무엇입니까?(탐구 이유)

- 실험 결과가 예상과 다르면 어떻게 하겠습니까?(과정 중심 질문)
- 창의적으로 문제를 해결한 경험이 있나요?(물 없이 물고기를 수송하는 방법이 있을까요? 어떻게 가능할까요?(창의적 사고))
- 친구가 실험 결과를 조작했다고 말한다면 어떻게 하겠습니까?(문제해결 상황)
- 제로콜라는 다이어트에 도움이 될까요? 과학적으로 설명해 보세요.(논리적 설명)
- 친구와 의견이 다를 때 어떻게 해결하려고 하나요?(협업 능력)

다음은 초등학교 6학년 학생이 영재교육원 자기소개서에 작성했던 내용입니다.

"저는 식물의 광합성에 관심이 많아서 다양한 조도에서 식물이 얼마나 자라는지를 직접 실험해 보았습니다. 같은 종류의 식물을 빛의 세기에 따라 키워 보았고 4주간 성장 과정을 그래프로 그려 보았습니다. 이 결과를 바탕으로 다시 실험 설계를 수정했습니다."

영재교육원에서는 이 글을 바탕으로 다음과 같이 질문할 수 있습니다.

"만약 실험 결과가 교과서에 나온 결과와 달랐다면 어떻게 하겠습니까?"

이러한 질문이 주어진다면 어떤 답을 할지 아이와 함께 얘기해 보는 경험이 중요합니다. 영재교육원 입시에 도전하지 않더라도 학교에서 공부한 내용만으로도 부모는 아이와 이러한 상황을 자주 만들어 볼 것을 권해 드립니다. 정답은 없지만 다양한 관점에서 생각하고 답을 고민하는 과정에서 사고가 확장됩니다. 이러한 대화는 아이의 성적이나 어떤 결과물과 상관없이 학문적인 분위기를 만들어 줍니다. 아이가 평소 관심 있어 하는 주제를 깊이 탐구할수록 이런 대화 기회는 더 많아지겠죠.

부모는 단순 암기식 답변이 아니라 아이의 진짜 생각을 이끌어 내는 질문을 자주 던져 주세요.
"왜 그렇게 생각했니?"
"다른 방식으로 생각하면 어떻게 될까?"
그리고 아이가 경험한 활동과 연결해 답할 수 있도록 유도하면 좋습니다. 실제로 영재교육원에 도전해 합격하는 아이들은 부모와 이런 대화를 꾸준히 나눈 경우가 많습니다.

아이의 영재성을 키우는 영재교육원 질문 유형

인성 및 탐구 태도
평소 어떤 주제에 관심이 있나요? 왜 흥미를 가지게 되었나요?
새로운 지식을 접하면 어떤 방식으로 탐구하나요?
실패하거나 어려웠던 경험이 있다면? 어떻게 극복했나요?
협동학습을 할 때 갈등이 생기면 어떻게 해결하나요?
평소 어떤 주제에 관심이 있나요? 왜 흥미를 가지게 되었나요?
과학분야
지구에 물이 없다면 생명체가 존재할 수 있을까요?
실험에서 예상과 다른 결과가 나왔을 때, 어떻게 해야 할까요?
'물질이 타면 사라지는 걸까요?' 여러분 생각은 무엇인가요?
가정에서 해 볼 수 있는 실험을 하나 소개해 보세요.
환경오염을 줄이기 위해 어떤 과학적 방법을 사용할 수 있을까요?
수학분야
계산보다 더 중요한 수학의 역할은 무엇이라고 생각하나요?
어떤 수학 문제를 풀 때 가장 재미있었나요? 이유는 무엇인가요?
삼각형의 넓이를 구하는 다른 방법이 있을까?
수학이 실제 생활에 쓰이는 예를 들어 볼 수 있나요?
규칙을 발견했던 경험이 있나요? 어떻게 알게 되었나요?

언어분야
동화와 소설의 차이를 말해 보세요.
문학이 사회를 바꿀 수 있다고 생각하나요? 예를 들어 설명해 보세요.
"말은 칼보다 강하다"는 말에 대해 찬성 or 반대 의견을 말해 보세요.
요즘 청소년이 자주 쓰는 신조어에 대해 어떻게 생각하나요?

창의·융합형 문제
물없이 샤워를 해야 한다면, 어떻게 할 수 있을까요?
하늘에 떠 있는 태양을 멈출 수 있을까요?
종이 한 장으로 물에 뜨는 배를 만들 수 있을까요?
로봇 청소기를 더 똑똑하게 만들려면 어떤 기능이 필요할까요?

전략 ⑤

중학교 입시를 들여다보라, 공부 방향이 보인다

영재교육원 입시를 통해서 초등학교 때 아이들의 학업 역량을 만드는 기준을 살펴보았습니다. 우리 아이가 6학년이 되었을 때 치를 수 있는 입시인 국제중과 자율중 입시 전형도 살펴볼 것을 권합니다. 영재교육원과 마찬가지로 반드시 입시에 도전해 보지 않아도 됩니다.

현실적으로 대학 입시를 생각하면 중학교 시기를 내실 있게 보내는 것이 매우 중요한데요. 고등학교 성적은 중학교 때까지의 공부로 결정되기 때문입니다. 특목중이나 자율중처럼 특별하고 전문적인 교육을 중학교 때 받는다면 가장 좋습니다. 현재 중학교는 절대평가이고 성적이 대학 입시에도 반영되지 않기 때문에 낮은 등급으로 인한 리스크도 크지 않은 편입니다.

　6학년이 되면 초등학교와는 달라진 평가체계와 문항유형을 파악해야 합니다. 학업 역량과 더불어 중학교 시기에는 진로에 대한 진지한 탐색의 시간을 가져야 합니다. 초등학교 학교생활기록부 성적은 등급이나 점수를 기재하지 않고 정성적 서술 중심으로 이루어집니다. 반면 중학교부터는 성취도(ABCDE 5등급 절대평가), 원점수 과목평균이 기재된다는 것도 알아야 합니다. 초등학교 때 학교 시험은 단원평가나 간단한 서술형 평가가 전부였다면 중학교는 본격적인 정기고사(중간/기말)가 있으며 성적이 학교생활기록부에 기록되어 고등학교 진학 시 반영된다는 것도 알아 두어야 합니다.

　무엇보다 중학교 과정에서 반드시 경험해야 하는 것은 진로에 대한 탐색입니다. 아이가 무엇을 좋아하고 잘하는지 어떤 진로와 직업의 세계가 있는지도 경험해 봐야 합니다. 중학교 시기 진로 탐색이 더 중요해진 이유는 고교학점제 때문입니다. 고등학교에서 진로에 맞는 과목들을 선택하고 이 과목을 다른 학생보다 확실히 잘해야 하기 때문에 중학교 때부터 아이가 주력해야 하는 과목들을 알고 준비해야 고등학교 진학 시 경쟁력을 가질 수 있습니다.

중학교 입시에 도전하는 이유

초등학교 6학년 때 알아 둘 내용으로 중학교의 내신 평가방식, 학교생활기록부 기재 항목과 내용, 진로에 대한 심층 탐색과 연계 과목 선행학습 등을 말씀드렸는데요. 이 같은 내용이 가장 효율적이면서 피부에 와닿는 방법은 국제중과 자율중 등의 입시를 살펴보는 것입니다. 중학교 입시에 직접 도전해 보는 것도 좋고, 도전하지 않더라도 중학교 입시가 어떻게 치러지는지 전형방법과 평가요소들을 파악해 보는 것을 추천합니다.

아이들은 입시를 준비하면서 자연스럽게 희망하는 중학교의 교육과정(개설 교과목과 비교과 활동)을 살펴보게 됩니다. 또한 자기소개서를 작성하면서 자기주도학습 과정의 중요성에 대해 인식하게 됩니다. 자신의 모든 학교 활동이 학교생활기록부에 적힌다는 사실도 알게 되고, 협동심, 공동체 의식 등 인성의 중요성도 깨닫게 됩니다.

이런 의미에서 중학교 입시에서 어떤 전형요소로 어떻게 학생을 선발하는지를 파악하는 것이 필수입니다. 특목중이나 자율중에 입학하는 것 자체가 중요하기보다는 과정을 들여다봄으로써 학업 역량이 골고루 우수한 학생이 되기 위해 갖추어야 할 자격이나 조건을 알게 된다는 의미가 더 크다고 할 수 있습니다.

사실 중학교 입시는 허수가 훨씬 더 많습니다. 왜냐하면 1단계는 전산추첨으로 선발하는데 평균 20 대 1 정도이기 때문에 운도 어느 정도 따라 줘야 합니다. 1단계에서 불합격한다고 해서 실력이 없어서 떨어졌다고 생각하지 않기 때문에 더 부담없이 준비하고 도전해 볼 수 있는 것이 장점입니다.

다음은 특목중학교 자기소개서 문항입니다.

- 본인이 스스로 학습 계획을 세우고 학습해 온 과정과 그 과정에서 느꼈던 점, 학교 특성과 연계해 본교에 관심을 갖게 된 동기, 중학교 입학 후 자기주도적으로 본인의 꿈과 끼를 살리기 위한 활동 계획 및 중학교 졸업 후 진로 계획에 관하여 구체적으로 기술하십시오.
- 본인의 인성(배려, 나눔, 협력, 타인 존중, 규칙 준수 등)을 나타낼 수 있는 개인적 경험 및 이를 통해 배우고 느낀 점을 구체적으로 기술하십시오.(위의 두 항목 포함 1500자(공백포함))

이 문항은 진로에 따른 학습 과정, 중학교 입학 후 학업 계획 및 졸업 후 진로 계획, 인성 관련 경험 이렇게 3개 영역으로 구성되어 있습니다. 1500자 짜리 글이지만 아이들이 이 자기소개서를 작성하기 위해서는 무엇보다 자신이 어떤 사람인지, 무엇을 하고 싶은지, 잘하는 것은 무엇인지를 알고 이를 진로나 직업과 연관 지어 봐야 합니다.

아이들은 정말 진지하게 입시를 치르고 나면 당락을 떠나서 목표의식이 생기고, 다음 단계에 대한 기대와 욕심이 커지기도 합니다. 더 나아가 남들보다 더 많이 더 잘해야 한다는 생각도 갖게 되기에 입시를 미리 경험하는 것이 학습에 대한 동기부여로 작용하는 경우를 많이 보았습니다. 학습과 진로에 대해 진지해지고 선발이라는 무게를 느끼면서 한층 성숙해진 아이를 성장하게 됩니다.

전략 ❻

고입 자기주도학습전형, 대입 학종의 축소판

초등학교 6학년 때 특목중학교 입시를 경험했다면 당연히 중학교 3학년 때는 특목고나 자사고 입시에 관심을 가지고 들여다보는 것이 필요하다는 점을 파악하셨을 겁니다.

중학교 1학년부터 2학년까지 2년간은 진로에 대한 구체적인 탐색의 시간으로 써야 합니다. 막연한 진로 탐색을 넘어 입시에 맞춘 구체적인 탐색이어야 합니다. 자신의 진로에 맞는 학과나 계열은 무엇이고 그 학과에 진학하기 위해 어떤 과목은 단연 좋은 성적을 받아야 한다는 것 그리고 이를 위해서 중학생인 지금 어느 정도의 깊이 있는 공부를 해야 하는지까지 알아야 합니다.

특목고나 자사고에 진학하거나 진학하지 않는 것은 선택의 문제입니다. 아이에 따라서 일반고가 좋은 선택일 수도 있고 자사고나 특목고가 좋은 선택일 수도 있습니다. 일반고 진학을 결정했다고 해서 공부를 덜 해도 되는 것은 아닙니다. 비슷한 실력을 갖춘 중학교 3학년이라면 어차피 3년 후인 고등학교 3학년 때 같은 대학 진학에서 경쟁을 해야 하기 때문입니다. 이러한 사실을 분명하게 인지하고 고등학교 선택과는 별개로 공부의 방향을 잡아야 합니다.

다음은 2025학년도 '자기주도학습전형' 자기소개서 문항 원문 그대로입니다.(대부분 시도교육청이 공동으로 제시한 공통 양식으로 과학고, 외고, 국제고, 자사고 등에서 사용합니다)

- **본인이 스스로 학습 계획을 세우고 학습해 온 과정과 그 과정에서 느꼈던 점을 학교 특성(건학이념)과 연계해 밝히고, 지원 학교에 관심을 갖게 된 동기, 고등학교 입학 후 자기주도적으로 본인의 꿈과 끼를 살리기 위한 활동 계획 및 고등학교 졸업 후 진로 계획에 관하여 구체적으로 기술하십시오.**
- **본인의 인성(배려, 나눔, 협력, 타인 존중, 규칙 준수 등)을 나타낼 수 있는 개인적 경험 및 이를 통해 배우고 느낀 점을 구체적으로 기술하십시오.(공백제외 1500자 이내)**

이 문항은 다음과 같은 점을 평가합니다.

1. 자기주도학습 영역: 과정이 성적보다 중요하다

첫 문항은 중학교 3년 동안 어떻게 스스로 계획을 세우고 공부했는가를 묻습니다. 단순히 성적 향상 사례가 아니라, 관심 계기 → 학습 과정 → 탐구 확장 → 성찰로 이어지는 스토리 구조가 필요합니다.

- 과학고를 꿈꾼다면 실험과 탐구 과정, 문제 해결력 중심
- 외고·국제고라면 외국어 학습 동기, 국제 이슈 관심 중심

이렇게 학교 성격과 인재상에 맞춘 표현이 핵심입니다. '밖에서 한 활동은 쓰지 말라'는 규정도 있으므로, 교과 수업·동아리·진로활동·독서를 활용해 풀어내야 합니다.

- 예: "수업에서 미세먼지 주제를 접한 후, 과학 동아리에서 대기질 측정 실험을 설계하고, 관련 책을 찾아 읽으며 더 깊이 탐구했다. 실험이 처음엔 실패했지만 조사 방법을 바꿔 개선했고, 이를 통해 과학적 사고의 재미를 느꼈다."

2. 인성 영역: 배려와 협력은 구체적일수록 빛난다

두 번째는 타인과 협력·배려·갈등 해결 경험을 구체적으로 묻습니다. 모호하게 "친구들과 잘 지냈다"보다는 상황 — 역할 — 결과 — 성찰의 흐름을 담아야 설득력이 있습니다.

- 예: "조별 발표 중 의견이 충돌했을 때, 친구의 주장을 먼저 들어주고 함께 자료를 다시 찾아 타협안을 제시했다. 그 경험 덕분에 협력의 의미를 배웠다."

3. 지원 동기와 활동 계획: 학교와 나의 연결 고리

모든 자기소개서의 마지막은 지원 동기 + 입학 후 계획 + 졸업 후 진로입니다. 이 부분은 지원 학교의 교육과정과 인재상을 얼마나 이해했는지가 드러납니다.

- 건학이념, 특화 프로그램, 동아리 등을 조사해 나의 관심사와 연결
- 입학 후 어떤 활동을 하고, 졸업 후 어떤 전공·진로로 이어 가고 싶은지 서술

예: "국제이슈 토론 동아리와 영어 심화 과목이 제 진로인 국제정치학과와 잘 맞아 지원했다. 입학 후 모의유엔 활동을 통해 시야를 넓히고, 대학에서는 국제협력 분야를 전공하고 싶다."

■ **고등학교가 원하는 인재상 5가지**

- 첫째, 자기주도학습 계획 및 실행 경험
- 둘째, 학교 특성과 연계한 지원 동기
- 셋째, 고등학교 입학 후 활동 계획
- 넷째, 졸업 후 진로 계획
- 다섯째, 인성을 보여주는 구체적인 경험

자기소개서 문항에는 학생의 인생이 담겨 있습니다. 자기소개서 문항을 잘 분석하고 글을 작성해 보는 것만으로도 학업과 진로 그리고 고등학교의 교육과정을 파악하게 됩니다. 또 자신이 그 고등학교에서 어떻게 3년을 보내고 대학에서 어떤 공부를 해서 어떤 직업을 가질 것인지 고민하고 설계해 봐야 합니다. 이런 이유 하나만으로도 중학교 3학년 때 고입 자기주도학습전형에 대해 알아볼 가치가 충분합니다.

전략 ❼

고입 면접과 대입 구술, 본질은 하나다

특목고나 자사고 입시에 제출하는 서류는 자기소개서와 학교생활기록부입니다. 이 서류 심사로 1단계 선발을 하고 2단계 면접전형에서는 이 서류를 기반으로 질문합니다. 면접에서는 학생이 제출한 서류를 기반으로 심층 질문을 하는 개별질문, 수학이나 과학, 시사 주제 등의 지문을 기반으로 논리적 사고력을 평가하는 공통질문이 있는데 학교별로 두 가지 유형을 다 출제하기도 하고 한 가지만 출제하는 학교도 있습니다.

특목고·자사고 입시 면접 질문을 분석해 보면 그 학교에서 선발하고 싶은 학생의 모습이 보입니다. 우리가 특목고·자사고 입시 과정에서 읽어 내야 할 부분은 바로 이 지점입니다.

특목고나 자사고 입시에서 자기소개서보다 더 중요하게 보는 것이 면접입니다. 실제로 당락이 결정되는 부분이기도 하고요. 자기소개서는 얼마든지 사교육이나 타인의 도움을 받을 수 있지만 면접은 온전히 아이 스스로 감당해 내야 하기 때문입니다. 고등학교 입시에서 학교들이 면접에 비중을 두는 이유이기도 합니다.

과학고 면접, 무엇을 어떻게 평가하는가

과학고 면접은 과학적 사고력과 문제해결력, 탐구 태도와 자세, 수학·과학 기초 개념 이해도 등을 평가하는 매우 중요한 단계입니다. 1단계 서류 통과자를 대상으로 개별 면접 또는 소그룹 면접을 진행하기도 합니다. 자기주도학습 능력, 수학·과학 탐구 역량, 논리적 사고력, 인성 및 태도 등을 평가합니다.

자기주도학습영역은 어떤 주제를 어떻게 탐구했는지 계획과 실행 과정, 결과에 대해 질문할 수 있습니다. 수학·과학에 대한 문제해결력은 간단한 개념형 또는 사고형 문제를 통해 개념 이해력과 논리적 추론 능력을 확인하는 방식으로 진행됩니다. 탐구활동 태도는 학교생활기록부 또는 자기소개서 기반 탐구활동에 대한 깊이 있는 질문이 나올 수 있고, 표현력, 면접 태도, 협력적 자세도 중요하게 보는 평가 항목입니다.

과학고에서 자기소개서와 학교생활기록부를 바탕으로 다음과 같이 질문할 수 있습니다.

■ **과학고(영재고) 면접 질문 예시**

- 빛의 이중성에 대해 설명하고, 그것이 실생활에 어떤 영향을 미치는지 예를 들어 보세요.
- 함수 f(x)의 그래프를 미분했을 때 기울기 변화가 나타내는 의미를 생활 속 예로 설명해 보세요.
- 수열 a=1/n이 수렴하는 이유는? 왜 직관적으로는 무한히 작아져도 0이 되지 않는다고 생각할 수 있을까요?
- 전기 회로에서 병렬 연결과 직렬 연결의 장단점을 설명하고, 실생활 예시를 말해 보세요.
- 자소서에 쓴 '포도당 검출 실험'에서 실험 변인은 어떻게 설정했나요?
- 여러 팀원이 의견을 나눌 때, 어떤 방식으로 협업을 주도했나요?
- 자신의 탐구 주제를 다른 친구에게 설명할 때, 가장 어려운 점은 무엇이었나요?

과학고(영재고) 면접 문제를 보면 지원자의 과학적 소양과 사고력을 평가한다는 점에서 서울대 공대나 자연대의 구술면접 문제와 매우 유사함을 알 수 있습니다. 질문의 유형도 제시문 분석, 원리 응용, 개념 연결 능력 등을 평가합니다. 과학적 깊이와 이해도, 문제를 구조화해서 풀어내는 능력, 유연한 사고력과 다양한 접근시도, 논리적 언어표현력, 긴장감 속에서도 차분하게 설명할 수 있는지, 모르는 문제에 대처하는 태도 등도 평가합니다.

과학고 면접이 '탐구 기반의 기초학문 소양'을 평가하는 과정이라면 서울대 자연계열 면접은 '고등 수준의 논리적 사고와 전공적합성'을 평가하는 과정입니다. 그러나 두 면접 모두 정답보다 과정, 암기보다 사고, 태도보다 탐구심을 더 중요하게 본다는 점에서 철저히 사고력 중심 평가라는 공통점이 있다는 사실에 주목해야 합니다.

과학고(영재고) 면접 VS 서울대 자연계열 면접의 공통점

항목	공통점
제시문 기반 문제 출제	개념이나 실험 상황이 담긴 제시문을 바탕으로 사고력을 평가함
과학적 사고력 평가	단순 암기가 아닌 논리적 전개, 원리 이해, 문제 해결 과정을 중시
수학·과학 융합 문제	물리-수학, 생물-화학 등 융합형 사고력을 요구하는 문항 등장

사고과정 중심 평가	정답보다는 풀이 과정과 추론 논리, 자기 설명 능력을 중시
탐구 태도 평가	새로운 상황에 대한 유연한 사고, 비판적 사고력, 창의적 질문을 유도
지원 전공에 기반한 질문	해당 분야에 대한 호기심, 독서 경험, 실험 경험 등을 물어봄
커뮤니케이션 능력	면접관과의 대화 속에서 자신의 사고를 명확히 언어로 표현할 수 있는지 평가

외고·국제고 면접, 무엇을 어떻게 평가하는가

외고 · 국제고 면접 문제는 기본적으로 학생의 서류를 바탕으로 지원동기, 자기주도학습 경험, 진로 및 학업계획, 독서 경험, 인성 등의 영역으로 나누어 다음과 같은 형태로 질문합니다.

■ 면접 평가 요소

- 왜 우리 학교에 지원했나요? 해당 전공어과에 지원한 이유는 무엇인가요?(지원동기)
- 최근 스스로 도전해 본 학습은 무엇인가요?(자기주도학습)
- 졸업 후 어떤 진로를 생각하나요?(진로 및 학업계획)
- 기후변화 대응을 위해 어떤 노력이 필요하다고 생각하나요?(시사)

- 『소년이 온다』를 읽은 후 생각하게 된 점은 무엇인가요?(독서)
- 친구와 갈등을 겪은 경험과 해결 방식은 무엇인가요?(인성)

외고·국제고 면접은 두 가지 유형의 질문이 있습니다. 자기소개서와 학교생활기록부를 기반으로 질문하는 개별질문, 짧은 제시문을 읽고 논리적 비판적 사고력을 평가하는 공통질문입니다. 이는 대학 입시 면접과 똑같은 유형이라고 할 수 있는데요. 대학 입시에서도 학교생활기록부 기반으로 질문하는 인성면접이 있고, 제시문 기반으로 질문하는 구술면접이 있습니다.

고등학교가 학교별로 다른 유형의 면접을 본다면 대학 입시는 전형별로 다른 유형의 면접을 보는 경우가 많습니다. 외고 입시 면접과 서울대 인문·사회계열 제시문 기반 면접은 출제 형태나 난이도는 다르지만 두 면접 모두 사고력, 표현력, 인성, 진로적합성 등을 평가한다는 점에서 매우 유사합니다.

■ **외고·국제고 면접 질문 예시**

- 영어에 흥미를 느끼게 된 계기는 무엇인가요?
- 유엔이 하는 일 중 가장 관심 있는 분야는 무엇인가요?
- 외교관이 되기 위해 필요한 역량은 무엇이라고 생각하나요?
- 팀 활동 중 의견 충돌을 조정했던 경험이 있나요?
- 기숙사 생활이 필수인데, 어떻게 적응할 건가요?

: 문제 유형을 읽고 설명하는 힘, 이 학생은 입시의 본질을 꿰뚫고 있는가?

외고 면접 VS 서울대 인문사회계열 면접의 공통점

공통 항목	외고 국제고 면접	서울대 인문·사회계열 면접
비판적 사고력	교내활동 기반 질문에 대해 '왜 그렇게 했는가?', '다른 선택은 없었나?' 등 반추 유도	제시문(텍스트/자료)을 읽고 핵심 주장 분석, 반론 제시 등 요구(단순 암기가 아닌 생각하는 힘을 평가)
표현력과 논리성	학교 활동, 독서 경험 등을 조리 있게 말하는지 평가	제시문에 대한 견해를 논리적으로 설명하는지 평가(논리적 말하기와 구조화된 답변이 중요)
진로에 대한 명확한 태도	"외고 지원동기는?", "장래희망과 어떻게 연결할 예정인가?"	"왜 이 전공인가?", "이 제시문이 진로와 어떤 관련이 있나?" 등 전공적합성 탐색(진로 동기와 전공에 대한 성찰의 깊이를 평가)
인성 및 협업 태도	"갈등 상황에서 어떻게 처했는가?", "친구와 의견 다를 때는?" 등 질문	논제에 대해 '타인의 관점도 고려했는가?' 등을 간접 질문(사회적 맥락 속의 성숙한 태도 평가)
준비된 학습자 이미지	활동/독서/탐구에 대한 자기주도성 강조	제시문을 이해하는 독해력 + 자신의 생각을 정리한 경험 유무 평가(스스로 공부하고 탐색한 과정을 평가)

- 국제적인 갈등 사례를 한 가지 말하고, 이에 대한 학생의 의견은 무엇인가요?

우리나라 입시에서 출제되는 모든 문제는 교육 과정 안에서 출제해야 합니다. 외고 면접이 중학교 교육과정 내용 안에서 질문한다면 대학 입시는 고등학교 교육과정 내에서 질문합니다. 때문에 학교 공부에 충실한 학생이라면 입시 면접도 충분히 대비할 수 있습니다. 서류기반 면접이나 제시문 기반 면접에서 공통적으로 확인하고 싶은 능력은 사고력, 표현력, 진로(전공/계열) 적합성, 자기주도성이 핵심입니다.

3부

공부법:

고교학점제 시대,
아이의 공부법을
재설계하라

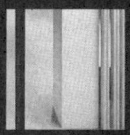

: 달라진 문항과 평가 방식,
공부법의 혁신이 합격을 결정한다

공부법 ❶

문제를 보면
공부의 방향이 보인다

아이가 초등학교 고학년이 되면 상급 학교인 중학교 입시에 관심이 많고, 중학생은 고등학교 입시에 관심이 많습니다. 하지만 진학하려는 중학교나 고등학교의 문제 유형이나 난이도에 관심을 갖는 학부모님들은 많지 않습니다. 학원 설명회에서도 "이 학교에서 상위권을 하려면 선행을 이 정도 해야 한다"는 얘기까지만 하는 경향이 강합니다.

중학교까지가 아닌 고등학교까지 학업이 우수한 아이로 키우고 싶다면 저는 학교 내신 문제와 입시 문제들을 분석해 보라고 말씀드리고 싶습니다. 학교가 어떤 방식으로 학생들을 평가하는지 파악하는 것이 가장 확실히 공부의 효율을 높이는 일이기 때문입니다.

　문제를 보면 공부의 방향이 보이고, 아이에게 필요한 역량이 무엇인지도 명확해집니다. 문제를 중심에 두고 접근하면 "지금 무엇을 어떻게 준비해야 하는지"가 선명해집니다.

　초등학생이 중학생이 되고 고등학생이 대학생이 되는 모든 과정에 평가가 있고, 그 평가를 가능하게 하는 문제가 있습니다. 각 단계별로 우리 아이들이 마주하는 문제들을 직접 읽어 보면 공부 못한다고 혼내는 일이 쉽지 않습니다. 아이가 초등학교 고학년에서 중학생만 되더라도 학부모가 풀어 줄 수 있는 문제가 많지 않을 만큼 어렵기 때문입니다.

　다음은 중학교에서 출제된 논술형 문제입니다.

　■ **사회** '기후 변화에 대응하기 위한 국제적 협력이 왜 필요한가?'에 대해 자신의 생각을 서술하시오. 단, 실제 사례(파리기후협약 등)를 포함하여 3가지 이상 논거를 제시할 것.
　■ **국어**
다음 글을 읽고, 필자가 주장하는 바를 정리한 뒤, 자신의 입장을 밝히고 그에 대한 근거를 2가지 이상 들어 논리적으로 서술하시오.

• 제시문 : 스마트폰 사용이 청소년에게 미치는 영향에 대한 비판적 글

■ **수학** 어떤 삼각형의 두 각의 크기가 각각 50°, 60°일 때, 나머지 한 각의 크기를 구하고, 이 삼각형의 성질(예: 예각삼각형, 직각삼각형 등)에 대해 논술하시오. 삼각형의 내각의 합이라는 개념을 바탕으로 설명할 것.

부모님들도 결코 이 문제들이 쉽지 않다고 느끼실 겁니다. 고등학교 문제의 난이도는 이보다 훨씬 높고, 이른바 센 학교들의 문제는 상상 이상으로 어려운 문제들도 많습니다.

여기서 학생과 학부모가 주목해야 할 부분은 '문제 유형'입니다. 입시의 관점으로 봤을 때 학교 시험은 대학에 잘 가기 위한 공부라는 현실적인 의미가 가장 클 수밖에 없습니다. 때문에 학교 문제가 어떻게 출제되는지 출제 원리와 출제 목표, 유형을 파악하고 분석하는 것은 학교 성적을 잘 받기 위한 첫걸음이라고 할 수 있습니다.

아이가 목표로 하는 고등학교가 있다면 가장 먼저 해당 학교의 내신 시험 유형과 난이도를 파악해야 합니다. 좀 더 세부적으로

살펴볼 부분은 지필고사 문제 유형(선다형/단답형/서술형·논술형)과 수행평가 비율과 난이도입니다.

질문을 바꾸면 아이의 공부가 달라진다

저는 국어를 전공하고 교육전문기자로 일하기 전에 독서논술 전문가로 활동했습니다. 대학 평생교육원 강사로서 독서논술지도사를 양성하는 과정을 운영하고 있었는데요. 그 당시 국어 수학 사회 과학 등 교과목 간 경계를 허물고 모든 교과를 아우른 문제를 다루는 방식의 '통합교과논술'이 이슈가 되었습니다. 시사나 역사, 과학 등 특정 주제를 다루는데 있어서 수학이 필요하면 수학을 사회 과목에서 배운 개념에 활용하기도 했습니다. 교과뿐만 아니라 도서까지 연계해 읽고 토론하고 쓰는 방식의 공부였습니다. 저는 이때 수강생들과 초등학교와 중학교 교육과정을 전수분석해서 이를 기반으로 한 수업 교재를 제작하기도 했습니다.

독서논술 수업인 만큼 수업의 목표는 '쓰기'가 대부분이었습니다. 토론과 발표를 하더라도 결과적으로 모든 과정이 쓰기로 이어졌습니다. 저는 이때 교사가 어떻게 수업을 만들고 어떤 결과물을 목표로 하는지에 따라 아이들의 사고와 표현이 완전히 달라진다는 것을 경험했습니다.

객관식으로 물으면 답만 찾는 아이가 되고, 서술형으로 물으면 설명하는 아이가 됩니다. 논술형으로 물으니 자신의 생각을 논리적으로 말하는 아이가 되는 것을 목격했습니다. 탐구 프로젝트 수업에서 아이들은 자신이 궁금한 것을 주제로 삼고, 스스로 자료를 찾아 탐구하고, 결과를 발표하는 과정을 겪으며 눈에 띄게 성장합니다. 이 과정에서 아이들에게 생기는 능력은 단순한 지식이 아니라 자기주도학습력입니다. 이것이 지금 입시에서 가장 중요하게 평가하는 요소이기도 합니다.

공부법 ②

고교학점제,
사고와 표현력을 준비하라

학교 평가의 유형은 객관식(선다형), 주관식(단답형), 서술형·논술형, 프로젝트형(수행평가)으로 나눌 수 있습니다. 문제는 이러한 유형의 평가 비율입니다. 과거에는 객관식과 지식을 알고 있는지 확인하는 주관식 시험이 주류를 이루었다면 현재는 프로젝트형 〉 서술형·논술형 〉 객관식 순으로 문항 유형의 비중이 달라지고 있습니다. 이는 교육이 단순 암기에서 사고와 표현 중심으로 전환되고 있다는 것을 의미합니다.

결과중심 평가는 교과서의 지식을 아는지 모르는지를 확인하는 데 초점을 둡니다. 이를 위해 지식을 단편적으로 가르치는 방식이 주로 사용되고, 아이들 또한 '문장'이 아닌 '단어' 위주로 공부하게 됩니다. 이로 인해 지식이 서로 연결되지 못하고, 긴 설명이나 글쓰기가 어려워집니다.

몇백 자 이상의 글로 무엇인가를 설명한다는 것은 그 지식을 완전히 체화하고 구조화한 상태에서 가능한 일입니다. 그러나 이러한 구조화 능력을 갖추지 못한 아이들이 적지 않습니다. 더 큰 문제는 이러한 아이들이 다른 사람의 글을 읽고 이해하거나 수업 내용을 따라가는 데에도 어려움을 겪는다는 점입니다. 단편적인 지식을 암기하는 문제에만 익숙하기 때문입니다.

이러한 평가 방식은 전체 맥락을 파악하는 능력을 기르기 어렵게 만들며, 지식 간 전이 효과도 기대하기 어렵습니다. 또한 단편적인 지식을 아는 것으로 끝나는 경우가 많기 때문에 시험이 끝나면 내용을 쉽게 잊게 되고, 무엇보다 지식을 왜 배워야 하는지에 대한 동기를 갖기 어려워 공부 과정에서 재미나 흥미를 잃게 됩니다. 결국 공부는 결과(성적)를 위한 고된 과정이 되며, 아이들은 맥락 없이 암기하는 학습에 몰두하게 됩니다.

반면, 과정중심 평가는 서술형이나 논술형 문제를 중심으로 구성됩니다. 이 평가는 단순한 정답이 아니라, 지식에 대한 이해를 바탕으로 사고하고, 정리하여 표현하는 과정 자체를 중시합니다. 학생은 제시된 내용을 정확히 독해하고 요약한 후, 자신의 의견을 논리적으로 서술해야 하므로 비판적 사고력과 표현력이 동시에 요구됩니다.

오늘날 AI 시대에는 지식을 암기하기보다 이해하고 활용하는 능력이 더욱 중요합니다. 이에 따라 학교 교육에서도 서술형·논술형 문제의 비중을 점차 확대하고 있으며, 이는 지식 습득만으로는 평가할 수 없는 자기주도성과 사고력을 측정하기 위해서입니다.

결과보다 과정을 보라, 사고력이 자란다

고교학점제 시대는 학생들에게 단순한 지식 암기에서 벗어나 깊이 있는 사고와 표현 능력을 요구하고 있습니다. 이러한 변화에 따라 학교 교육은 지식의 전달을 넘어 생각을 논리적으로 정리하고, 다양한 관점을 고려하여 문제를 해결하는 능력을 키우는 데 중점을 두고 있습니다. 학교 평가의 방식이 바뀐다는 것은 학생에게 요구하는 능력이 달라졌다는 얘기입니다.

특히, 학교 시험에서 서술형·논술형 평가의 비중이 높아지고 있습니다. 이러한 변화는 학부모들에게 막연하게 느껴질 수 있고, 때로는 불안감으로 이어지기도 합니다. 그럼에도 불구하고 평가의 방향은 이미 바뀌고 있으며, 이에 따른 학생의 학습 방식도 변화할 수밖에 없습니다.

그렇다면 서술형·논술형은 무엇을 평가할까요?

첫째, 심화 사고력 문제입니다. 학생이 주어진 주제에 대해 깊이 있는 생각을 펼칠 수 있는가를 평가합니다. "AI 시대에 인간에게 가장 필요한 역량은 무엇인지 근거를 들어 논술하라." 와 같은 질문입니다.

둘째, 주어진 자료나 주장에 대해 비판적으로 분석하고 자신의 견해를 논리적으로 전개할 수 있는가를 봅니다. 예를 들어, "최근의 환경 보호 정책이 실효성이 있는지 자신의 생각을 서술하라." 같은 내용입니다.

셋째, 실제 상황에 대해 정확히 이해(독해)하고, 그에 대한 해결책이나 대안을 창의적으로 제시할 수 있는가를 평가합니다. "학교 내 갈등 상황을 해결하기 위한 방안을 제시하라." 등을 예로 들 수 있습니다.

이러한 문항은 단순히 암기한 지식을 꺼내는 것이 아니라, 기본적인 문제상황에 대한 인식을 기반으로 기존의 틀을 벗어난 새로운 아이디어나 해결책을 논리적으로 펼치는 능력을 평가합니다.

공부법 ❸

시대가 바뀌면 문제도 바뀐다

학교 시험은 단순히 학생의 성적만을 평가하는 도구가 아닙니다. 그 시대가 어떤 인재를 원하는지 보여 주는 거울이기도 합니다. 학부모 세대가 경험한 시험과 지금 아이들이 마주하는 시험은 완전히 다릅니다. 그 흐름을 짚어 보면, 평가의 철학이 어떻게 바뀌어 왔는지 선명히 드러납니다.

■ **1980~1990년대: 암기와 성실성이 곧 실력**

이 시기의 수업은 칠판 가득한 판서를 베껴 적는 것으로 시작되었습니다. 시험은 대부분 객관식, 즉 보기를 고르는 문제였습니다. 드물게 단답형이나 짧은 서술형 문제가 있었지만, 범위는

늘 교과서 안이었습니다. 결국 공부를 잘한다는 것은 배운 내용을 빠짐없이 암기하는 것이었고, 성실하게 반복 학습을 한 학생이 좋은 성적을 얻었습니다. '틀리지 않는 것'이 곧 실력의 척도였던 시기였습니다.

■ 2000년대: 사고력을 묻는 시험으로

1994년 도입된 수능은 우리 교육의 판을 바꿨습니다. 단순 암기력에서 벗어나 개념을 이해하고 새로운 문제 상황에 적용하는 사고력 평가가 시작된 것입니다. 교과서도 다양화되어, 같은 교육과정을 배우더라도 학교마다 다른 교과서를 선택해 가르쳤습니다. 국어 과목만 보더라도 출판사별로 수록된 작품이 달랐습니다. 그래서 수능을 준비하려면 교과서에 실린 작품뿐 아니라, 여러 교과서에서 자주 다루는 작품을 폭넓게 이해해야 했습니다.

■ 2010년대: 서술형·논술형의 등장

이 시기에 학교 시험은 또 한 번의 큰 변화를 맞습니다. 단순히 정답을 고르는 문제로는 학생의 창의성, 논리력, 의사소통 능력을 평가할 수 없다는 문제의식이 커졌기 때문입니다. 서술형·논술형 문항이 본격 도입되며, 학생은 이제 답을 맞히는 수준을 넘어 자기 생각을 글로 전개하고, 새로운 해결책을 제시해야 했습니다.

2009 개정 교육과정 이후에는 이러한 평가가 지필고사의 핵심으로 자리잡았고, 수행평가와도 긴밀히 연결되었습니다. 교과서 지식 중심에서 벗어나 '역량 중심 교육'으로 전환되는 분기점이었습니다.

■ 2020년대: 과정 중심 평가의 정착

2025년부터 전면 시행되는 고교학점제와 2022 개정 교육과정은 평가의 개념을 한층 더 확장시킬 것으로 보입니다. 학생의 개별적 적성과 흥미와 자기주도성이 중요해진 만큼 평가는 학생 개인의 성장 및 성취 기준 중심 평가로 전환되고, 수업은 메타인지 능력을 길러 주는 방향으로 더욱 강화되고 정교해질 것입니다.

과정중심 평가인 서술형·논술형 문제와 수행평가, 포트폴리오 수집 관리 비중은 계속 확대될 가능성이 높습니다. 이 모든 변화는 대학 입시에서 학생부종합전형에서 자기주도학습 및 탐구 과정이 기술되기 때문입니다. 크게 다음과 같은 방향으로 변화할 것입니다.

■ 평가의 변화

- 학생 맞춤형 평가: 적성과 흥미를 반영한 성장 중심 평가 강화
- 디지털 기반 평가 확대: 온라인 시험, 디지털 포트폴리오, 원격 수업 연계 평가

- AI와 리터러시 중심 문제 등장: 실생활 기반 문제, 다중 해답 가능성
- 학생 참여형 자료 수집 강화: 포트폴리오, 탐구일지, 활동 기록물이 평가 자료로 사용

1980년대의 '정답 찾기' 중심 평가에서, 오늘날의 '과정과 성장 중심 평가'로의 변화는 단순한 형식의 전환이 아닙니다. 이 흐름은 교육이 추구하는 인간상, 그리고 사회가 필요로 하는 역량의 변화를 그대로 반영합니다.

앞으로의 학교 시험은 단지 성적을 매기기 위한 도구가 아니

학교 시험 문제와 평가의 변화

시기	변화
2009 개정 교육과정	창의적 사고력, 융합적 사고 강조
2015 개정 교육과정	핵심 역량 6가지(자기관리, 지식정보처리, 창의적 사고, 심미적 감성, 의사소통, 공동체 역량) 기반 → 서술형 강화 필요성 대두
2019 이후	고교학점제 전면 도입 준비로 서술형·논술형 내신 확산
2022~2025	고교학점제 시범학교 및 연구학교 중심으로 서술형·논술형 평가 확대
2025학년도부터	고교학점제 전면 시행, 성취평가제 확대 → 서술형·논술형 필수화 흐름

라, 학생이 어떻게 사고하고, 얼마나 주도적으로 학습하며, 어떤 방식으로 문제를 해결해나가는지를 기록하고 평가하는 과정이 될 것입니다

    시험의 변화는 교육의 방향을 그대로 반영합니다. 부모 세대가 경험한 시험 방식으로 아이를 지도한다면 시대와 어긋날 수밖에 없습니다. 이제는 결과보다 과정, 지식보다 탐구, 그리고 암기보다 성장의 흐름을 바라봐야 합니다.

공부법 ❹

문항이 달라지면
공부법도 혁신하라

 교육과정은 단순히 가르칠 내용을 정하는 것 이상의 의미를 가집니다. 그것은 어떤 사고력을 기르도록 할 것인가, 무엇을 통해 학생을 평가할 것인가에 대한 사회의 방향성이 반영된 결과입니다.
 2009 개정 교육과정을 거쳐, 2015 교육과정, 그리고 2022 개정 교육과정(고교학점제)으로 이어지며, 학교 시험의 문항 유형 또한 큰 변화를 겪고 있습니다. 이 변화는 곧 학생의 공부 방법 또한 달라져야 함을 말합니다.

■ 시험 문항의 변화
- 객관식 → 서술형·논술형 중심

- 단문 정답 → 주장 + 근거 구조
- 개념 암기 → 실생활 적용
- 정답 평가 → 사고·과정 평가

과거의 문항은 '정답을 맞히는 것'이 목적이었지만, 이제는 생각하는 과정을 보여 주는 것이 핵심입니다. 예를 들어, 과거에는 '삼권분립이란 무엇인가?'와 같은 정의 중심의 문제였다면, 지금은 '최근 정치 사례를 통해 삼권분립의 원리를 설명하시오'와 같은 적용·해석형 문항으로 바뀌었습니다.

■ 서술형 대비: 핵심 개념을 '내 말'로 설명하기

서술형은 교과서 속 핵심 개념을 이해하고 자기 언어로 설명하는 훈련이 중요합니다. 개념을 소리 내어 말하면서 짧은 문장으로 정리해 보세요. 친구 또는 부모님 앞에서 설명해 보고 피드백을 받는 것도 좋은 방법입니다.

■ 논술형 대비: 생각 → 근거 → 구성 훈련

논술형 문항 공부 방법은 어떤 지문을 읽었거나 상황을 접했을 때 이에 대한 자신의 생각을 정하고 왜 그렇게 생각하는지 근거를 찾는 훈련을 해 보세요. 이때 PREP 구조(Point → Reason → Example → Point)를 활용해 글쓰는 훈련을 하면 효과적입니다. 이 구조를 활용하여 시사와 연계한 문제에 대해 자신의 생각을 논리적으로 표현할 수 있습니다. 교과서에서 배운 주요 개념은 관련 시사 이슈나 독서 내용과 연결하여 요약 카드로 정리하고, <u>스스로</u> 설명해 보는 훈련도 도움이 됩니다.

■ 과정 중심 평가: 사고의 흐름을 기록하는 습관

서술형과 논술형 평가의 또 다른 특징은 사고의 과정을 평가한다는 점입니다. 따라서 단순히 답만 적는 것이 아니라, 풀이 과정과 문제 해결 전략을 단계별로 기술하는 습관을 가져야 합니다.

수학이나 과학은 풀이를 말로 설명하면서 적는 것이 효과적입니다. 내용을 정리할 풀이를 말로 설명하면서 적기, 오답노트에 정답뿐 아니라 틀린 이유 쓰기 등의 방법을 추천합니다. 논술형 문항에서 자주 등장하는 도표, 그래프, 통계자료 해석 연습도 중요합니다. 통합사회나 통합과학과 같은 과목은 교과서 속 시각자료를 분석하고 뉴스 속 그래프를 해석 후 요약 정리해 보세요.

고교학점제 이후 시행되는 서술형·논술형 중심의 평가 체계에 대비하기 위해서는 암기 중심 학습에서 벗어나 '이해 — 적용 — 표현 — 성찰'을 아우르는 새로운 4단계 학습법이 필요합니다.

공부법 ❺

이해·적용·표현·성찰을 아우르는
4단계 학습법

고등학교의 주요 교과별 평가 문항의 변화를 다음과 같이 정리할 수 있습니다.

■ **국어: 제시문 분석 + 자기 생각**

과거에는 문법과 독해 위주의 객관식 문제가 중심이었지만, 지금은 제시문 분석 후 자신의 의견을 논리적으로 제시하는 형태가 주를 이룹니다. 특히 2015 개정 교육과정 이후에는 문학과 비문학이 통합된 복합 지문 출제가 일반화되었으며, 글의 구조, 주장, 근거를 파악한 뒤 자신의 입장을 서술하는 능력이 요구됩니다.

■ **사회/역사/정치: 사례 기반 사고력 평가**

단순한 개념 암기형 문제에서 벗어나, 실제 사례를 통해 개념을 해석하고 적용하는 문항이 주로 출제됩니다. 예를 들어 '자유민주주의란?'이라는 정의 문제 대신, '최근 사회 갈등 사례를 통해 자유민주주의의 한계를 서술하시오' 같은 문제가 등장합니다.

■ **과학·수학: 정답보다 과정**

정해진 공식을 적용해 답을 구하는 문제에서, 탐구 과정이나 실험 설계에 대한 설명, 문제해결 전략의 수립 과정을 평가하는 문항이 늘고 있습니다. 과정 중심 평가의 대표적인 사례입니다.

이러한 변화에 맞추어, 학생들은 단순히 정보를 외우기보다는 다른 역량을 길러야 합니다. 개념을 실제 사례에 적용하고 설명하는 능력, 복합 자료를 분석하고 핵심 내용을 추론하는 능력, 자신의 의견을 근거와 함께 표현하는 논리력, 팀 프로젝트, 토론 등에서의 협업과 의사소통 능력, 자신의 학습 과정을 설명하고 포트폴리오화하는 능력 등이 더욱 필요합니다.

평가가 달라지면 공부 방향과 방법도 달라져야 합니다. 입시 관점으로 봤을 때 공부는 고등학교에서 잘해야 좋은 결실을 맺을 수 있습니다. 이런 변화에 맞춘 과목별 공부법도 살펴보겠습니다.

고등학교 주요 교과 문항 변화 예시

교과	2009 개정 교육과정	2015 개정 교육과정	2025 고교학점제 이후
국어	• 문법, 독해 객관식 위주·문학작품 감상 후 단답형 • 맞춤법, 독해력, 어휘력 중심	• 비문학 독해 + 서술형·통합형 지문(문학+비문학)	• 제시문 분석 후 의견 서술·논리적 근거 제시 요구 • 비판적 읽기, 글쓰기, 토론 능력까지 평가
수학	• 계산 중심 객관식, 단답형·풀이 과정 미반영	• 문제해결 서술형 일부 포함·사고과정 평가	• 과정 중심 서술형 필수·문제해결 전략 설명 요구 • 문제 해결 과정 설명 • 수학적 의사소통 능력 평가
영어	• 문법, 어휘 객관식 중심·독해지문 이해도 평가	• 상황 제시 후 대화 완성 서술형·작문형 문항 포함	• 지문+그래프 융합 서술형·주제 통합적 의견 쓰기
사회 역사	• 연도, 개념 암기형 문항·객관식 중심 • 개념 암기	• 원인·결과 서술형 도입·사례 기반 서술 평가	• 실제 사례 분석 후 의견 작성·시사자료 해석형 문항 • 탐구 능력, 실생활 적용, 발표 등 협업 프로젝트
과학	• 개념 확인 중심 객관식·실험 결과 맞추기	• 실험 분석 서술형 도입·그래프 해석 중심 문항	• 탐구과정 설명형 문항·자료 분석 후 예측·제안 요구
통합 사회 통합 과학	(과목 신설 전)	• 기본 개념 이해 중심 평가·서술형 일부 도입	• 융합형 문제 필수화·실생활+시사사례 기반 분석형

■ **국어: 독서-논술형 중심**

고교학점제 이후 국어 과목 평가의 특징은 제시문 기반 서술, 독서논술형 평가가 강화된 것을 들 수 있습니다. 독서 후 내용을 요약하고 주제와 논지를 파악하는 훈련이 필수입니다.

- 제시문 분석 후 자신의 생각을 논리적으로 표현하는 훈련
- 문학·비문학 통합 지문에 대비한 독해력 강화
- 주제 파악 → 논지 정리 → 자기 생각 정리

■ 영어: 의사소통 상황 중심

고교학점제는 영어 평가에도 많은 변화를 미치고 있습니다. 의사소통 상황을 제시하거나 쓰기 평가를 강화한 것입니다. 주어진 상황에 맞는 문장을 작성하는 연습을 해야 합니다. 모범 답안 → 구조 분석 → 재작성하는 것도 좋은 방법입니다.

- 주어진 상황에 맞는 문장을 쓰는 연습
- 모범 답안 → 구조 분석 → 자기 방식으로 재작성 과정 반복

■ 수학: 풀이 과정 서술

정답뿐만 아니라 사고의 과정도 평가하는 수학은 풀이 과정을 기술하라는 문항이 강화되었습니다. 문제해결 전략을 단계별로 서술하는 습관을 가져야 합니다.

- 답만 맞히는 것보다 풀이 전략을 논리적으로 설명하는 훈련
- 사고의 흐름을 단계별로 기록하는 습관 필수

■ **사회탐구: 시사와 논술형 대비**

사회탐구 과목은 논술형 평가에 최적화된 과목이라고 할 수 있습니다. 교과서 속 개념을 정리하고 관련한 시사 사례를 찾아보세요. 평소에 문제해결형 구조와 찬반형 글쓰기 구조를 익히는 연습이 중요합니다.

- 개념 정리 후 시사 사례와 연결해 보기
- 찬반형 글쓰기, 문제해결형 글쓰기 구조 익히기

■ **과학탐구: 탐구과정 기술**

과학탐구 과목은 탐구과정 서술 및 예측 분석형 평가가 많습니다. 실험보고서와 탐구과정 기록을 습관화해야 합니다. 그래프 해석 훈련과 의미 도출 훈련이 필수입니다.

- 실험 보고서, 탐구활동 기록을 습관화
- 그래프 해석 및 의미 도출 훈련
- 실생활 속 현상에 과학 개념 적용하는 연습

■ **통합사회/통합과학: 융합형 문항 대비**

통합사회와 통합과학은 융합형 문항이 출제되는 경우가 빈번합니다. 교과 지식을 다양한 교과의 주요 개념과 연결해 보기도

하고 생활 속 현상에 교과지식을 적용하여 해결해 보는 습관을 가지기를 권합니다.

- 다양한 교과 개념을 통합해 사고하는 훈련
- 뉴스나 생활 속 문제를 교과 지식으로 풀어보는 연습

이런 변화를 알고 있어야 합니다. 특히 고등학교의 학습 강도는 초·중학교와 비교할 수 없습니다. 중간고사 — 수행평가 — 기말고사 그리고 비교과 활동까지 3년의 생활을 견뎌내야 합니다. 제가 고등학교 문제를 먼저 분석하고, 출제 경향을 파악하라고 강조하는 것도 이 때문입니다. 결국 "무엇을 묻는가"를 정확히 알아야, "어떻게 공부할 것인가"가 보이기 때문입니다.

더보기

고교학점제에서 더욱 빛나는 프로젝트형 인재로 성장하는 5가지 방법

고교학점제가 본격 시행되면서 교육의 방향은 뚜렷하게 변하고 있습니다. 이미 학교 현장에서는 논술문 쓰기, 발표, 탐구보고서 작성 등 다양한 방식의 수행평가가 도입되어 왔고, 고교학점제는 이 흐름을 더욱 강화하고 있습니다. 즉 모든 과목에서 언어 역량의 중요성이 커지고 있으며, 독해력과 사고력을 바탕으로 글을 쓰고 말하는 능력이 핵심이 되었습니다. 이러한 능력은 하루아침에 길러지지 않기 때문에, 초등·중학교 시기부터 차분하고 체계적인 준비가 필요합니다.

다음은 아이의 언어 중심 사고력과 표현력을 일상 속에서 키우는 5가지 방법입니다.

첫째, "맞았어? 틀렸어?"보다 "어떻게 그런 생각을 했어?"
- 사고 과정을 묻는 질문으로 학습을 깊게

많은 부모들이 문제 풀이 후 "맞았니, 틀렸니"를 먼저 묻습니다. 그러나 이 질문은 결과에만 집중하게 만들고, 아이의 사고 과정을 놓치게 합니다. 대신 "어떻게 생각했어?", "이 문제는 뭘 묻고 있는 걸까?"라고 질문해 보세요. 아이가 문제의 출제 의도와 맥락을 고민하게 되면, 단순히 정답을 찾는 수준을 넘어 문제를 입체적으로 바라보는 힘이 길러집니다. 특히 학습량이 비교적 여유로운 초등 시기에는 이러한 대화가 반드시 필요합니다. 너무 많은 문제를 숙제로 시키기보다는, 한 문제를 깊이 있게 사고하고 말하게 하는 것이 더 큰 공부가 됩니다.

둘째, 평가 기준표를 함께 보며 '답안의 기준' 알기
- 수행평가, 논술형의 게임룰부터 이해시키기

서술형이나 수행평가는 단순한 시험이 아니라 학습 과정 그 자체입니다. 하지만 어쨌든 학교는 점수를 매기고, 학생은 좋은 점수를 받아야 하죠. 이때 필요한 것은 바로 '게임의 룰'을 아는 것, 즉 평가 기준표를 정확히 이해하는 것입니다. 아이들이 종종 "내가 보기엔 완벽했는데 왜 감점됐지?"라고 말하는 이유는, 채점 기준을 모르고 자기 기준으로 답안을 썼기 때문입니다.

학교에서 제공하는 평가기준표를 아이와 함께 보고, 어떤 요소가 중요한지, 어떤 표현이 가점을 주는지 확인해 보세요. 답안 작성 전 "이 기준에 따라 쓰면 어떤 내용이 들어가야 할까?"를 함께 점검하면, 점수를 높이는 동시에 논리력도 성장합니다.

셋째, 독서와 토론으로 사고력 키우기
-책 읽고 생각을 '말'하게 만들어주는 힘

독서력은 모든 사고력의 바탕입니다. 내신과 수능, 고난도 문제 해결력까지 결국은 깊이 있는 독해력에서 비롯됩니다. 하지만 단순히 책을 읽는 것만으로는 부족합니다. 아이가 읽은 내용을 '자신의 언어'로 말하게 해야 사고가 확장됩니다. "어떤 내용이었어?"보다 "넌 어떤 부분이 인상 깊었어?", "주인공이 다른 선택을 했다면 결과는 어땠을까?"라고 질문해 보세요. 이런 '생각을 끌어내는 질문'이 자연스러운 대화의 장을 열고, 아이는 스스로의 생각을 정리하며 논리적 말하기 능력을 키우게 됩니다. 이것이 바로 논술형 평가에 강한 아이의 기반입니다.

넷째, 오늘 있었던 일 대신 '오늘 배운 것' 일기 쓰기
- 학습일기로 사고 정리 + 서술형 대비

일기는 자기표현 능력을 키우는 최고의 훈련입니다. 특히 '학습일기'는 아이가 배운 내용을 정리하고, 거기에 자신의 생각을 덧붙이는 연습으로 서술형·논술형 대비에 매우 효과적입니다.

오늘 있었던 일 대신 오늘 배운 것을 중심으로 쓰게 해 보세요. 예를 들어 '수학 시간에 어떤 개념을 배웠고, 그걸 어디에 써 먹을 수 있을지'까지 써 보게 하면 학습이 자기화되는 과정을 경험할 수 있습니다. 글쓰기가 낯선 아이도 익숙해지면 점점 자신의 언어로 사고를 표현할 수 있게 됩니다

다섯째, 생활 속 문제를 함께 풀며 융합적 사고를 키우기
- 부모와 함께한 생활이 최고의 프로젝트 학습

실생활은 최고의 학습 도구입니다. 아이와 마트에 갔을 때 "할인 적용하면 얼마일까?", 요리할 때 "이 재료의 양을 절반으로 줄이면 어떻게 될까?" 같은 질문을 던져 보세요. 스포츠 경기를 보며 데이터 분석, 산책 중에는 환경 문제 탐구, 여행지에서는 지리·역사와 연결해 보는 것도 좋습니다.

이처럼 생활 속에서 궁금한 것을 찾아내고 함께 해결해 보는

경험은 아이에게 문제 해결력과 융합적 사고력을 길러 줍니다. 이런 경험을 학습일기에 기록해 두면 지식이 점점 체화되는 과정을 실감할 수 있습니다. 말하고, 쓰고, 정리하며 배우는 힘이 결국 고교학점제에서 빛을 발하게 될 것입니다.

4부

평가:

일반고 VS 특목고 VS 자사고, 내신 문항 무엇이 다른가?

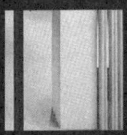

: 학교 유형마다 달라지는 내신 난이도,
공부 전략은 어떻게 달라져야 할까?

평가 ❶

내신의 대세가 된
서술형·논술형

고교학점제가 본격 도입되면서 고등학교의 평가 방식은 크게 달라졌습니다. 객관식 중심의 선다형 문항은 비중이 줄어들고, 서술형과 논술형 문항이 주요한 평가 방식으로 자리잡았습니다.

제가 기자로 일할 당시, 서술형·논술형 평가가 도입된다는 발표 이후, 학생·학부모뿐 아니라 학원가 전체가 큰 혼란에 빠졌던 현장을 직접 취재한 적이 있습니다.

"서술형을 어떻게 객관적으로 평가할 수 있는가?", "선생님의 주관이 개입되는 것 아닌가?"라는 의문이 많았지만, 지금은 중간·기말고사 지필평가에서 서술형과 논술형 문항의 비중이 평균 40~50%에 달할 정도로 제도적으로 자리잡았습니다.

다음은 우리나라 고등학교와 프랑스 바칼로레아(Baccalauréat)의 실제 문항 예시입니다.

■ 우리나라 고등학교 논술·서술형 예시
- 인공지능의 발전으로 인해 달라지는 인간의 삶에 대해 논리적으로 서술하라.
- 종교에 대한 예술적 표현의 자유를 어느 정도 허용해야 하는가에 대해 토론하라.
- 제시문은 참고하여 '과학의 발전이 이루어지는 과정'을 설명하라.
- 제시문을 참고하여 '우리가 공직자의 도덕성을 문제 삼는 까닭'을 논술하라.

■ 프랑스 바칼로레아 문제
- 행복은 인간에게 도달 불가능한 것인가?
- 철학자는 과학자에게 어떤 도움을 줄 수 있는가?
- 현실이 수학적 법칙에 따른다고 할 수 있는가?
- 도덕적으로 행동한다는 것은 반드시 자신의 욕망과 싸운다는 것을 뜻하는가?

우리나라 고등학교의 논술형·서술형 문항과 프랑스 고등학교 졸업 자격시험이자 대학 입시 자격시험인 바칼로레아 문항이 서로 비슷하지 않나요? 이 문제들을 비교해 보면, 표면적으로는 국가와 제도, 학문 분과가 달라도 본질은 닮아 있습니다. 제시문 유무나 형식 등 차이는 있지만, 핵심은 '학생의 사고력과 표현력'을 평가한다는 점에서 공통적입니다. 학생이 단순히 정답을 찾는 것이 아니라, 자신의 관점으로 생각하고 해석하며 논리적으로 전개하는 능력을 요구하고 있습니다.

20여 년 전, 저는 바칼로레아 문제를 처음 접하고 그 고차원적인 질문에 놀랐습니다. 졸업과 입시 시험에서 어떻게 이런 유형의 문제를 낼 수 있을까, 이를 위해 어떤 교육과 평가가 전제되어야 할까를 고민했던 기억이 납니다. 그런데 이제는 우리나라 고등학교 내신에서도 비슷한 수준의 문제들이 출제되고 있습니다. 지금의 고등학생들에게 이런 서술형·논술형 문항은 낯설지 않은 유형이 되었습니다. 이러한 평가를 경험하며 자란 학생이 앞으로 어떤 사고력과 관점을 가진 인재로 성장할지 기대됩니다.

시대가 바뀌면 학교가 요구하는 인재상도 달라지고, 그에 따라 평가 방식 역시 달라져야 합니다. 고교학점제는 이런 변화의 흐름에 맞춰 설계된 제도이며, 학부모와 학생이 가장 민감하게 체감하는 변화 중 하나는 평가 방식의 전환입니다.

지금은 단순히 지식을 많이 아는 것으로는 차별화될 수 없습니다. 언제 어디서든 정보를 찾을 수 있는 시대이기 때문입니다. 따라서 평가도 '얼마나 아는가'보다, 아는 것을 어떻게 비판적으로 해석하고, 자기 생각을 논리적으로 전개하고 설득할 수 있는가에 초점을 맞추게 되었습니다.

■ 변화된 역량 평가

- 심화 사고력: 개념이나 사실에 대한 깊이 있는 이해를 요구
- 비판적 사고력: 주어진 자료나 주장에 대해 비판적으로 분석하고 자기 관점을 서술
- 문제해결력: 실제 상황을 해결하기 위한 논리적 방안을 제시
- 창의적 사고력: 기존의 틀에서 벗어난 새로운 아이디어나 해결책을 제안

평가 ❷

서술형과 논술형, 무엇이 다른가

　서술형 문항과 논술형 문항은 모두 학생의 사고력, 이해력, 표현력을 평가하는 문항이라는 점에서 공통적이지만, 출제의 목적과 답안의 범위 평가 방식에서 뚜렷한 차이가 있습니다.

　서술형·논술형 문항은 대체로 3단계 구성을 따릅니다.

■ **문항 구성**

1. 상황 제시

　학생이 배운 개념을 적용할 수 있도록 현실적이거나 개념 중심의 지문이나 자료를 제시합니다.

예: 지구 온난화로 인해 해수면이 상승하고 있다.

2. 질문 제시

학생이 실제로 답변해야 할 요구를 명확히 합니다.

예: 지구 온난화의 원인과 해결방안을 설명하시오.

이 질문 유형은 다양하며, 다음과 같은 형태로 구분됩니다.
- 문제해결형: 원인 분석 및 해결방안 제시
- 비교·대조형: 두 개념이나 사례 비교
- 주장·근거형: 자신의 입장과 그에 대한 근거 제시
- 개념 정의와 예시형: 개념 설명 후 사례 들어 설명

3. 조건 제시

답안 작성 시 지켜야 할 구체적인 조건이 제시됩니다.

예: 자료 1과 2를 참고하여, 300자 이상으로 서술하시오.

글자 수, 활용 자료, 논리적 구조(예: 서론—본론—결론) 등이 조건으로 주어집니다.

이러한 문제에 효과적으로 대응하기 위해 학생은 다음과 같은 사고 과정과 글쓰기 절차를 익혀야 합니다.

■ **글쓰기 절차**

1. 질문의 핵심 파악
- 핵심 질문은 무엇인가?
- 요구하는 개념(이론)은 무엇인가?
- 관련 사례나 자료는 어떻게 활용할 것인가?

2. 자신의 관점 정리
- 핵심 키워드를 중심으로 생각을 정리합니다.
- 자신의 주장과 관점을 논리적으로 세웁니다.

3. 논리 구조에 따른 글쓰기
- 주어진 조건에 따라 서론-본론-결론 형태로 구성합니다.
- 주장과 근거, 예시, 비교 등의 방법을 적절히 활용합니다.

4. 점검과 퇴고
- 질문을 제대로 이해했는가?
- 배경지식을 적절히 활용했는가?
- 논리가 자연스럽고 설득력 있는가?
- 문장은 매끄럽고 맞춤법은 정확한가?

고교학점제는 단지 과목을 선택하는 자유만 주는 제도가 아님

서술형 문항 VS 논술형 문항 비교

구분	서술형 문항	논술형 문항
답안 분량	짧은 문장 또는 단락(1~5줄 내외)	긴 글(수백~수천 자, 구조 있는 글)
답안 형식	문장 중심의 간단한 설명	서론-본론-결론 구조의 완성된 글
출제 목적	개념 이해, 핵심 내용 설명, 간단한 사고력 평가	비판적 사고력, 통합적 사고력, 표현력 평가
평가 기준	핵심 개념 이해 여부, 간단한 논리성, 정확성	논리적 구조, 창의성, 자료 해석력, 문장 표현력
출제 과목	초·중·고 내신 시험의 과학, 사회, 국어, 역사 등 대부분 교과	고등학교 국어/사회/역사/교과 융합형 평가
작성 난이도	비교적 쉬움(교과서 기반 핵심 개념을 이해하면 충분)	고난도(배경지식, 논리 구성, 시간 관리 필요)

니다. 학생이 스스로 배운 것을 설명하고, 일상 속 문제에 적용할 줄 아는 능력을 기르는 것이 핵심입니다. 개념의 정확한 이해, 적절한 예시와 설명을 통한 적용력, 논리적 글쓰기 능력, 비교, 대조, 분석, 주장 등 다양한 표현 방식, 자신의 언어로 사유하고 설명하는 능력을 키워야 합니다.

이러한 서술형·논술형 문항은 다음과 같은 요소로 평가합니다.

- 개념에 대한 이해가 정확한가?

주요과목 논술형·서술형 문항 예시와 출제의도

교과	문항 예시	출제 의도
국어	다음 작품을 읽고 화자가 느끼는 감정을 두 가지로 나누어 설명하시오. 또한 이러한 감정이 나타나는 표현상의 특징을 근거로 제시하시오.	감정의 이중성 파악 능력, 표현 기법 분석
사회 (정치와법)	A국은 대통령 중심제를 채택하고 있고, B국은 의원내각제를 운영한다. 두 나라의 정치 제도를 비교하여 각각의 장점과 단점을 서술하시오.	정치 제도의 비교·분석 능력, 비판적 사고
역사	조선 전기와 후기의 농업 구조 변화를 설명하고, 그 변화가 조선 사회에 미친 영향을 기술하시오.	시대 흐름 파악, 원인-결과 연결 능력
과학	지구온난화로 인해 해수면 상승이 문제가 되고 있다. 이 현상이 생기는 과학적 원인과 사회적 영향, 그리고 해결 방안을 과학적 근거를 바탕으로 제시하시오.	과학적 사고력, 실생활 적용, 융합적 문제 해결
수학	실생활 속에서 2차 함수가 활용된 사례를 제시하고, 해당 상황을 수학적으로 모델링한 후 문제를 만들고 풀이를 서술하시오.	수학의 실생활 활용 능력, 모델링 능력
영어	다음 두 글을 읽고, 공통 주제를 도출한 후 각 글에서 제시한 주장과 표현 방식의 차이를 영어로 서술하시오.	영어 읽기와 사고력 평가, 논리적 글쓰기 능력

- 글이 논리적으로 전개되었는가?
- 창의적 사고 또는 적용 능력이 드러나는가?
- 자신의 언어로 서술했는가?
- 문법과 문장 구성의 완성도가 높은가?

평가 ❸

일반고·특목고·자사고, 난이도의 차이

내신 문항의 난이도를 보면 그 학교의 수준을 가늠할 수 있습니다. 일반고·특목고·자사고, 학교별로 서술형·논술형 내신 문제는 어떻게 다를까요?

■ **일반고: 핵심 개념 이해 중심의 서술형 평가**

일반고에서는 대체로 교과 개념의 이해와 요약 중심으로 서술형 문제가 출제됩니다.

✓ 주요 유형: 지문 독해 → 개념 요약 → 간단한 비판적 사고
✓ 문항 분량: 100자~300자 내외

✓ 평가 목표:
- 수업 시간에 다룬 개념을 얼마나 정확히 이해하고 있는지
- 간단한 설명, 요약, 핵심 정리 능력

✓ 난이도: 개념의 재정리 수준으로 비교적 평이함

■ **자사고: 통합적·고차원적 사고를 요구**

　자사고는 다양한 지역의 우수 학생들이 모이기 때문에 내신에서도 변별력이 중요합니다. 따라서 융합적 사고력과 통합적 추론 능력을 요하는 서술형·논술형 문항이 주로 출제됩니다.

✓ 주요 유형:
- 개념 분석 → 주제 도출 → 다양한 관점에서 해석
- 작품 분석, 복합 자료 통합, 심화 개념 적용

✓ 문항 분량: 300자~800자까지 다양

✓ 평가 목표:
- 학습 개념을 여러 맥락과 연결해 분석할 수 있는 능력
- 하나의 주제를 다각도에서 해석하고 논리적으로 풀어내는 능력

✓ 난이도: 일반고보다 높고, 사고 확장과 논리 구성력이 관건

■ **특목고: 실생활 적용과 문제해결력 중심**

　특목고는 학교 설립 목적에 따라 특정 분야의 전문성과 사고력

을 강화하는 데 중점을 둡니다. 서술형·논술형 문항 또한 그 특성에 맞게 출제됩니다.

외고/국제고
- 문학, 사회, 역사 등의 지문을 바탕으로 분석력, 사례 적용 능력, 배경지식 활용 능력을 평가
- 비판적 시각을 기반으로 자신의 의견을 정리하는 문제가 자주 출제됨

과학고
- 심화 과학 개념을 구조적으로 이해하고, 이를 실생활이나 복합 문제 상황에 응용·추론하는 문제

✓ **문항 특징**
- 전문 과목 중심의 고난도 문제
- 개념 적용을 넘어서 새로운 상황에의 창의적 적용 요구

✓ **난이도:** 최고 수준. 단순 개념이 아닌 실제적 문제 해결 능력이 핵심

결론적으로, 서술형·논술형 문항은 학교 유형별로 평가 방향과 목표 역량이 다르며, 그에 따라 학생이 준비해야 할 학습 전략도 달라집니다.

고교 유형별 서술형·논술형 문항 비교

학교 유형	출제 특징	주로 평가하는 역량	문항 분량	난이도
일반고	개념 이해, 요약	핵심 개념 파악, 요약력	100~300자	★★★☆☆
자사고	분석, 통합 사고	융합적 사고, 주제 해석력	300~800자	★★★★★
특목고	적용, 문제 해결	실생활 응용, 비판·추론	과목별 상이	★★★★★

일반고에서는 정확한 개념 정리와 요약력이, 자사고는 논리적 구조와 다양한 관점의 통합 사고력이, 특목고는 전문성에 기반한 응용력과 문제해결력이 요구됩니다. 고등학교 입학 시 학교의 수업 방식뿐 아니라 평가의 방향성도 함께 고려해야 하는 이유가 여기에 있습니다.

평가 ❹

일반고·특목고·자사고 서술형·논술형 문제 특징과 예시

서술형·논술형 문항은 단순한 암기식 지식 평가를 넘어서, 비판적 사고력, 분석력, 그리고 창의적 문제 해결 능력을 평가하는 데 중점을 둡니다. 일반고·특목고·자사고별 문제 특징을 알고 그 예시를 살펴봅시다.

■ **일반고 서술형·논술형 문제 특징과 예시**

일반고에서도 점점 이러한 평가 방식을 확대하고 있으며, 과목별로 문항의 특징을 살펴보겠습니다.

국어

- 문학 간 비교와 표현 분석이 핵심
- 표현 기법, 상징, 주제 등을 파악하고 이를 비교해 작품 간의 연결성을 서술해야 함
- 필요 역량: 문학 개념 이해 + 표현 기법 분석 + 창의적 해석력
- 예시 문항
  → 신라 향가 〈제망매가〉와 정지용의 〈유리창 I〉에서 상실의 이미지를 각각 식물적·동물적 이미지로 형상화하고, 두 작품의 표현 방식과 극복 방법의 차이를 논술하시오.

사회(생활과 윤리, 정치와 법 등)

- 교과 개념과 실생활 사례를 연결하고 사회 문제에 대한 적용력과 판단력을 평가
- 배운 개념이 현실에서 어떻게 작동하는지를 스스로 분석하고 설명하는 능력 요구
- 예시 문항
  → 자유권과 사회권의 차이를 서술하고, 각각의 사례를 들어 설명하시오.
  → 기본권 충돌 개념을 설명하고, 표현의 자유와 사생활 보호 간 갈등 사례를 통해 해결 원칙을 서술하시오.

과학

- 과학적 개념에 대한 이해는 기본, 자료 해석과 실험 설계 및 결과 분석이 요구됨
- 탐구 과정 서술력이 중요한 평가 요소: 실험 목적 → 방법 → 결과 → 해석의 구조로 전개
- 예시 문항
  → 화학 반응 실험에서 온도/농도 변화가 반응 속도에 미치는 영향을 탐구하고, 그래프 및 실험 결과를 바탕으로 탐구 과정을 논리적으로 서술하시오.

영어

- 문학/비문학 지문 독해 후, 자신의 의견을 논리적으로 표현하는 문제 중심.
- 요점 정리 → 주장 → 근거 제시의 구조 훈련 필요.
- 영작형 문항도 출제되므로 사고를 외국어로 전개할 수 있는 능력 필요.

일반고 서술형·논술형 문항은 단순 개념 이해를 넘어, 텍스트 간 연결과 비교, 개념의 실생활 적용, 자료 분석과 탐구력, 자신의 언어로 재구성해 비판적 사고 + 논리적 전개 + 창의적 해석력을 종합적으로 평가합니다. 따라서 과목별로 핵심 개념을 깊이 있게 이

자주 출제되는 논제 유형

유형	설명
비교분석형	두 제시문의 주제나 관점을 비교하여 공통점과 차이점 논술
문제해결형	사회적 혹은 과학적 이슈에 대해 원인 분석 및 해결방안 제시
가치판단형	윤리적·철학적 개념이나 사회적 쟁점에 대해 본인의 견해 작성

해하고, 그것을 문제 유형에 따라 재구성하는 훈련이 필수입니다.

■ 자사고 서술형·논술형 문항 예시

자사고는 우수한 학생의 비중이 높은 만큼 내신 평가에서 서술형·논술형 문항 비중이 높고, 사고력 중심 평가를 하는 것이 특징입니다.

1. 자사고 내신 평가의 특징

- 서술형·논술형 문항 비중이 높음
- 사고력 중심 평가가 주를 이룸: 단순 암기가 아닌 비판적 사고력, 창의적 문제 해결력, 텍스트 해석력 요구
- 교과서 외 자료, 시사 이슈, 융합적 사고를 요구하는 출제 경향

2. 자사고 서술형·논술형 문항의 평가 요소

- 개념 이해 → 적용 → 분석의 사고 단계

- 자료 해석력, 논리적 글쓰기 능력, 교과 간 연계성
- 텍스트 간 비교, 사회적 맥락 이해, 사례 적용

3. 자사고 과목별 서술형·논술형 문항 예시

국어

　〈보기〉의 두 텍스트를 비교하여 작가의 관점 차이를 중심으로 분석하고, 독자의 입장에서 두 글의 사회적 의미를 논술하시오. (600자 내외)

　〈보기〉A: 김훈, 『칼의 노래』 중 일부 / B: 한강, 『소년이 온다』 중 일부

✓ **요구 역량**
- 텍스트 간 비교 분석력
- 작가의 서술 관점 파악
- 독자의 입장에서 사회적 맥락 해석

윤리와 사상

　홉스, 로크, 루소의 사회계약론을 각각 설명하고, 이들의 이론이 오늘날의 민주정치에 어떻게 적용되고 있는지를 사례와 함께 논술하시오. (700자 내외)

자사고 논술형 문항 대비 포인트

평가 요소	설명
융합적 사고력	교과 간 연결 및 시사·사회 이슈 통합적 이해
자료 해석력	지문·그래프·표 등을 근거로 분석, 주장 구성
논리적 글쓰기	서론-본론-결론 구조 및 개념→적용→확장 사고 흐름
창의적 문제 해결	단편적 지식이 아닌 새로운 관점 제시 능력

✓ 요구 역량

- 철학 개념 이해 및 비교
- 현대 정치 구조에 대한 적용력
- 구체적 사례 연계

정치와 법

 다음 상황은 선거제도에 대한 내용이다. 이 상황을 바탕으로 우리나라의 비례대표제의 장단점을 각각 한 가지씩 서술하시오.(각 100자 이내)
 〈보기〉 A정당은 전국에서 10%의 지지를 받았지만 지역구에서는 단 한 명도 당선되지 못했다.

✓ 요구 역량

- 선거 제도 구조에 대한 이해

- 제도 분석을 통한 장단점 도출
- 간결하고 명료한 기술력

■ 외고(특목고) 서술형·논술형 문항 정리

1. 외고 서술형·논술형 평가의 특징

- 깊이 있는 사고력 + 교과 융합력 + 사회문화적 이해도를 함께 평가
- 시사 이슈와의 연결, 영어 표현력까지 포함한 다중 평가 구조
- 텍스트 간 비교, 도표·자료 분석, 제시문 해석, 의견 제시 등 고차원적 문제 출제
- 교과 간 융합형 문항(예: 문학+사회, 과학+윤리, 정치+철학 등)
- 영어 서술형도 독해력 기반 요약이나 자기 주장 쓰기 중심

2. 자주 출제되는 논제 유형

- 비교·해석형 두 제시문 간의 관점·주제·배경 비교 및 해석
- 문제해결형 사회문화적 문제 해결 방안 제시
- 가치 판단형 사회 현상에 대한 비판적 입장 서술
- 융합형 여러 교과(예: 문학+시사, 과학+윤리)를 연계한 논술
- 자료 기반형 도표, 칼럼, 신문기사 등을 분석해 논리 구성
- 영어 논술형 영어 지문 비교 및 본인의 견해를 논리적으로 표현

3. 과목별 서술형·논술형 문항 예시

국어

〈보기〉는 김소진의 단편소설과 현대 신문 칼럼이다. 두 글을 비교하여 도시 공간의 의미 변화를 중심으로 해석하고, 현재의 도시화 문제를 해결하기 위한 개인의 역할을 제시하시오.(600자 내외)

✓ 요구 역량
- 문학+시사 텍스트 통합 해석력
- 사회문화적 변화 분석력
- 현실 문제 해결 능력

영어

다음 두 영어 텍스트에서 공통된 주제를 찾아 비교하고, 이를 바탕으로 본인의 의견을 120단어 이내로 쓰시오.

✓ 요구 역량
- 영어 지문 독해 능력
- 주제 도출 및 텍스트 간 비교
- 자신의 주장과 근거를 영어로 간결히 서술

외고 서술형·논술형 문항 대비 포인트

영역	설명
텍스트 해석력	문학과 비문학, 기사와 칼럼 등 다양한 텍스트 간 연계 독해 훈련
교과 융합 사고력	국어+사회, 영어+철학, 정치+윤리 등 연계 관점 훈련
비판적 사고력	사회적 이슈에 대한 다양한 시각과 자기 입장 정리
영어 논리 글쓰기	영어로 요약, 주장, 근거 쓰기 훈련(120~150단어 내외)
자료 해석력	표, 그래프, 뉴스 등 실자료에서 핵심 정보 추출 및 적용

정치와 법

  2020년부터 만 18세 이상 청소년에게 선거권이 부여됨. 위 제시문을 바탕으로 청소년 참정권 확대의 장단점을 논의하고, 본인의 입장을 600자 이내로 서술하시오.

✓ 요구 역량

- 제도적 변화에 대한 분석력
- 장단점 균형 판단 능력
- 시사 이슈에 대한 자기 입장 논리 전개

일반고 VS 특목고·자사고 서술형·논술형 문항 특징과 난이도 차이

항목	일반고	특목고·자사고
출제 목적	기본 개념 이해와 적용력 평가	고차원적인 사고력·융합적 사고 평가
문항 유형	단일 제시문 기반 서술형 위주 +간단한 논술형	복수 제시문 기반 비판형·융합형 논술 다수
제시문 구성	교과서 중심 지문 (가끔 짧은 실생활 사례 포함)	교과+비문학+시사+통계 등 다중 자료 제시
요구 역량	개념 설명, 사례 적용, 기본적인 추론	비교·분석·비판·창의적 대안 제시 능력
글자 수	50~200자(서술형) 300~500자 내외(논술형)	300~800자 내외(서술+논술형 혼합)1000자 이상도 출제 가능
채점 기준	개념 이해 여부, 문장력, 근거 제시	사고과정, 논리 전개, 융합적 관점, 표현의 정교함
사고 수준	이해, 적용	분석, 평가, 창출
과목별 특징	국어·사회 중심, 과학·수학은 풀이+개념 서술 위주	전 과목 서술·논술형 출제 가능 (과학, 수학도 서술+탐구 포함)

수행평가가
세특의 깊이를 결정한다

　학교 내신 평가는 지필평가와 수행평가로 구성되며, 최근에는 수행평가의 비중이 점차 증가하는 추세입니다. 학교에 따라 차이는 있지만, 수행평가가 내신 전체의 20~40%를 차지하는 것이 일반적이며, 일부 중학교에서는 80%까지 반영되기도 합니다.

　수행평가는 계획 단계부터 전략이 필요합니다. 학기 초에 공지되는 교육과정 및 평가 계획을 통해 각 과목의 수행평가 방식과 평가 기준이 안내되며, 이 내용을 정확히 파악하는 것이 중요합니다. 수행평가는 교육과정의 성취 기준과 학교의 운영 방침을 바탕으로 출제되며, 수업시간 내에 실시하는 것이 원칙입니다.

수행평가 유형은 다양하고 고차원적 사고력을 요구합니다. 평가 유형은 논술형, 구술 및 발표형, 토의 및 토론형, 프로젝트 수행형, 실험 및 실습형, 포트폴리오형으로 다양합니다. 이러한 유형들은 단순 지식이 아닌 이해력, 사고력, 표현력, 협업 능력 등 종합적 역량을 평가합니다.

수행평가의 결과는 단지 점수로만 반영되는 것이 아니라, 학생부의 과목별 세부능력 및 특기사항(세특)에 기록되는 주요 근거가 됩니다. 즉, 수행 과정에서 얼마나 주도적이고 창의적으로 참여했는지, 또는 어떤 성찰과 문제 해결을 보였는지가 고스란히 기록되어 학생의 학업 역량과 태도를 평가하는 지표가 되는 것입니다.

- 수행평가는 내신의 핵심 요소로, 과목 세특 내용과 직결됨
- 평가 비중은 20~40%, 일부 학교는 80%까지 반영
- 수행평가의 방식은 논술, 발표, 토론, 실험, 포트폴리오 등 다양
- 수행평가 결과는 정량 점수뿐 아니라 세특 내용에 반영되어 진로와 입시에 큰 영향

■ 과목별 수행평가 유형 및 평가방법

과목별 수행평가 유형과 평가방법을 간단하게 살펴보겠습니다.

수행평가 유형의 특징과 평가방법

유형	정의	특징 및 평가방법
논술	한편의 완성된 글을 답을 작성하는 시험	• 자신의 생각이나 주장을 논리적으로 제시해야 하므로 학생이 제시한 아이디어뿐만아니라 조직의 표현의 적절성 등을 함께 평가함 • 학생이 답을 선택하는 것이 아니라 생각이나 의견을 직접 제시하기 때문에 창의성, 문제해결력, 비판력, 통합사고력, 자료수집 및 분석력 등이 요구됨
구술 (발표)	특정 주제에 대해 자신의 의견이나 생각을 발표하도록 하여 학생의 준비도, 이해력, 표현력, 판단력, 의사소통 능력 등을 직접 평가	• 특정 주제에 대해 발표 • 평가범위만 미리 알려주고 주제나 질문은 구술평가를 실시할 때 제시한 후 학생이 답변하게 하여 평가할 수 있음
토의/ 토론	특정 주제에 대해 학생들이 서로 토의하고 토론하는 것을 관찰하여 평가	• 서로 다른 의견을 제시할 수 있는 주제에 대해 개인별 혹은 집단별 토의/토론을 실시한 다음 사전에 준비한 자료의 다양성이나 적절성, 내용의 논리성, 상대방의 의견을 존중하는 태도, 진행방법 등을 종합적으로 평가함
프로 젝트	특정 연구과제나 산출물 개발 과제 등을 수행하도록 한 다음, 프로젝의 전 과정과 결과물(연구보고서나 산출물)을 종합적으로 평가함	• 계획서 작성 단계에서부터 결과물, 완성단계에 이르는 전 과정을 결과물과 함께 평가
실험/ 실습	학생들이 직접 실험 실습을 수행하고, 그 과정이나 결과에 대한 보고서를 쓰게 한 후 제출된 보고서와 교사가 관찰한 실험 실습 과정을 종합적으로 평가함	• 실험 실습을 위한 기자재의 조작 능력이나 태도, 지식을 적용하는 능력, 협업적 문제해결 능력 등에 대해서 포괄적 종합적으로 평가
포트 폴리오	학생이 산출한 작품을 체계적으로 누적하여 작품집 혹은 서류철을 의미하는 포트폴리오를 이용한 평가방법	• 학생의 강점이나 약점, 성실성, 가능성 등을 종합적으로 파악하고 학생의 성장과정을 한 눈에 볼 수 있어서 유용한 피드백을 제공할 수 있는 평가방법 • 일회적인 평가가 아니라 학생 개개인의 변화와 발전과정을 종합적으로 평가하기 위해 전체적 지속적인 평가를 강조
관찰법	학생에 대한 관찰을 통해 일련의 정보를 수집하는 측정방법	• 어느 특정한 장면이나 상황에서 발생하는 행동체계를 가능한 상세하고 정밀하게 탐구 • 일화기록법, 체크리스트, 평점 척도, 동영상 녹화 후 분석 방법 등이 있음

국어

- ✓ **주요 유형**: 논술문, 에세이, 감상문, 토론, 발표
- ✓ **평가 요소**: 논리성, 창의성, 표현력
- ✓ **대비 전략**
  - 서론 – 본론 – 결론 구조 훈련
  - 글쓰기 주제에 맞는 적절한 어휘 선택
  - 발표 시 또박또박 말하고 자연스러운 시선 처리 연습
  - 제시 조건 충실히 반영해야 감점 방지
- ✓ **예시 문항**
  - AI 윤리 문제 찬반 논술문 작성(800자)
  - 현대시와 고전시가 비교 및 시 창작 과제

영어

- ✓ **주요 유형**: 에세이 작성, 프레젠테이션, 인터뷰, 요약 및 번역, 영어 듣기 후 요약
- ✓ **평가 요소**: 내용 충실도, 문법/어법, 발음과 억양, 창의성
- ✓ **대비 전략**
  - 자연스러운 전달 연습 (스크립트 외우기보다 이해 기반 전달)
  - 어휘는 어렵기보다는 문맥에 맞고 정확한 표현이 중요
  - 교과서 주제와 연결 시 가산점 가능
- ✓ **예시 문항**

- 뉴스 요약 후 자신의 의견을 영어 에세이로 작성(150~200단어)
- TED 영상 시청 후 창의성 관련 에세이 작성

수학

✓ **주요 유형**: 수학 탐구보고서, 실생활 적용 프로젝트, 프레젠테이션
✓ **평가 요소**: 개념 이해도, 논리적 풀이 과정, 적용력, 창의적 사고
✓ **대비 전략**
- 풀이 과정 상세히 기록하는 습관
- 실생활 사례에 수학 개념 정확히 연결
- 그래프, 도표 등의 정확한 시각화 표현

✓ **예시 문항**
- 함수 개념 활용 사례 조사 및 그래프 포함 보고서 작성
- 무한급수로 금융상품 분석하기

사회

✓ **주요 유형**: 주제 발표, 역사 보고서, 논평, 윤리적 딜레마 글쓰기, 토론
✓ **평가 요소**: 사실 기반 분석, 자료 활용 능력, 비판적 사고
✓ **대비 전략**
- 근거 중심 글쓰기 훈련

- 시사 이슈와 교과 개념 연결
- 출처 명확히 밝히고, 인용 시 각주나 요약 정리

✓ **예시 문항**
- 기본소득제 찬반 토론문 작성
- '기후 정의' 관련 국제 사회의 입장 비교 및 제안

과학

✓ **주요 유형**: 실험 보고서, 과학 탐구 계획서, 영상 제작 발표, 기술 해결 프로젝트

✓ **평가 요소**: 실험 설계력, 자료 해석력, 과정의 논리성

✓ **대비 전략**
- 개념 정확히 반영하고 결과보다 과정 강조
- 오류 분석 포함
- 영상 과제 시 자막, 시각 자료 적극 활용

✓ **예시 문항**
- '기후변화와 과학기술' 주제 PPT 발표
- 자율주행차 기술 및 생명과학 원리 실험 설계

　수행평가 제출물은 성의 있게 작성해야 합니다. 일상생활이나 시사 이슈, 독서 등을 활용할 때 교과서와 수업 내용을 연계하는 것을 잊지 말아야 합니다. 평가자가 내용을 쉽고 빠르게 이해할

수 있도록 시각 자료 등을 적극 활용하면 좋습니다. 무엇보다 과제 수행 시간 안에 끝내야 하는 것이 핵심입니다. 수행평가는 단원 수업 흐름 안에서 출제되므로 수업 집중도가 가장 중요합니다. 미리 수행평가 계획서를 확인하고 준비하고 결과물뿐만 아니라 과정도 기록해 두는 습관을 가져야 합니다.

■ **수행평가의 공통 핵심 전략**

- 과정 중심 평가 → 결과물뿐 아니라 과정 기록 습관화
- 수업 집중도 → 수행 과제는 대부분 단원 내 수업 흐름 기반
- 과제 조건 철저히 반영 → 평가 기준표 분석은 필수
- 내용 구성력과 시각자료 활용 능력 → 평가자의 이해를 돕는 표현력이 필요함
- 세특 연계 → 수행평가 내용은 높은 확률로 학교생활기록부에 반영됨

5부

관문:

대입을 가르는
4가지 관문
돌파하기

: 수능·논술·구술·학생부,
대학 문 앞에서 학생을 시험하는 네 가지 열쇠

관문 ❶

변별력은 약해졌지만 영향력은 커진 수능

　이제부터는 우리 아이들이 입시라는 큰 벽을 넘기 위해 마주해야 하는 네 가지 대표 평가 영역, 즉 수능, 논술, 구술면접, 학교생활기록부에 대해 구체적으로 살펴보겠습니다.

　대학마다 전형 방식은 다르지만, 상위권 대학일수록 이 네 가지 중 최소 두세 가지를 조합하여 학생을 선발합니다. 따라서 각 영역의 특징과 준비 방법을 정확히 파악하고, 입시 흐름 안에서 어떻게 연결되는지를 이해하는 것이 매우 중요합니다.

　이 장에서는 각 평가가 요구하는 핵심 능력과 시험 유형, 그리고 학생과 학부모가 지금 무엇을 준비해야 하는지 살펴보겠습니다.

수능은 어떤 시험일까?

　대학 입시에서 학생의 학력을 평가하는 두 축은 바로 내신과 수능입니다. 지금까지 입시는 정시=수능, 수시=내신으로 가는 것이 공식처럼 되어 있었습니다. 하지만 고교학점제가 시행되고 교육과정이 바뀌면서 이 구도가 달라질 가능성이 큽니다.
　수능은 어떤 시험일까요? 수능은 1994년부터 시행된 대학수학능력시험으로, 5지 선다형의 객관식 시험입니다. 내신이 서술형, 논술형, 프로젝트형 등 다양한 방식으로 진화하고 있는 것과 달리, 수능은 일관되게 객관식 중심의 구조를 유지하고 있습니다.

　고교학점제 시행과 함께 교육과정이 개편되면서, 2028학년도부터 수능도 큰 변화를 맞습니다. 시험 범위는 축소되고, 변별력은 낮아집니다. 그러자 일부 상위권 대학에서는 수능 100% 전형을 폐지하거나, 수능 외 요소(내신, 면접, 학교생활기록부 등)를 함께 반영하는 방향으로 전형을 바꾸는 중입니다. 이미 서울대는 정시 전형에서도 학교생활기록부를 반영하겠다고 공식 발표했습니다.
　하지만 그렇다고 해서 수능의 영향력이 작아졌다고 단정하기는 어렵습니다. 전국 단위로 치르는 수능은 여전히 '객관적 실력'을 가늠하는 기준입니다. 자신이 다니는 학교에서 내신 성적이 1등급대에 있더라도 전국 단위 시험인 수능 등급이 낮으면 갈 수 있는 상위권 대학은 지극히 제한되어 있습니다. 학교 안에서만 공부를 잘하는 것이 아니라 정말 객관적으로 성적이 좋다고 평가받으려면 수능 성적도 내신 수준으로 받쳐 주어야 합니다.

다행스러운 것은 고등학교 내신 공부가 수능 공부와 크게 다르지 않다는 것입니다. 고등학교 교육과정에서 수능 과목은 기본적으로 일반선택 과목들입니다. 진로특화 과목이 아닌 만큼, 수업 시간에 집중하고 평가 기준에 맞춰 공부하면 자연스럽게 수능 준비도 병행할 수 있습니다.

하지만 오해하면 안 되는 것이, 수능은 절대 쉬운 시험이 아니라는 점입니다. 단순한 암기력보다는 지문을 해석하고 문제 상황을 이해하는 독해력과 사고력을 측정합니다. 예전의 학력고사처럼 '아는 것을 그대로 쓰는 시험'이 아니라, '이해한 내용을 바탕으로 추론하고 판단하는 시험'입니다. 그래서 단기간에 벼락치기로 준비해서 좋은 성적을 받기 어렵고, 깊이 있는 공부가 필요합니다.

내신과 수능, 무엇이 어떻게 다를까?

고등학생이 치르는 주요 시험인 내신과 수능은 겉보기에는 비슷해 보여도, 실제로는 출제 방식, 평가 범위, 시험 목적이 다소 다릅니다. 이 차이를 정확히 이해해야 아이가 고등학교에 진학했을 때 당황하지 않고 전략적으로 공부 방향을 잡을 수 있습니다. 내신과 수능, 무엇이 어떻게 다른지 살펴봅시다.

1. 평가 방식이 다릅니다

내신은 대부분 서술형, 논술형, 수행평가형으로 출제됩니다. 최근에는 수능형 문제(처음 보는 지문, 응용형 제 등)를 출제하는 학교도 많아지고 있어, 단순 암기보다 개념 이해와 사고력이 중요해지고 있습니다.

수능은 5지 선다형 객관식 시험입니다. 제한된 시간 내에 많은 문제를 정확하게 푸는 능력, 특히 지문 독해력과 개념 응용력, 추론력이 핵심입니다.

2. 출제 주체와 범위가 다릅니다

내신은 학교 선생님이 출제하며, 시험 범위는 한 학기 또는 단원 단위로 비교적 명확합니다. 교과서, 학교 프린트물, 수업 시간 강조된 내용에서 출제됩니다.

수능은 국가기관인 한국교육과정평가원이 출제하며, 범위는 고등학교 전 과정입니다. 수업 시간에 배운 내용을 바탕으로 하되, 전국 단위의 상대 평가라는 점에서 수준과 난이도가 훨씬 높습니다.

3. 과목 선택제에서 공통 시험으로 바뀝니다

현재 수능은 국어, 수학, 탐구 과목에서 일부 선택형 구조를 유지하고 있습니다. 예를 들어 국어는 '언어와 매체' 또는 '화법과 작문' 중 하나, 수학은 '확률과 통계', '미적분', '기하' 중 하나를 선택합니다. 하지만 이 구조는 2027학년도까지 적용되고, 2028학년도 수능부터는 과목 선택 없이 모두가 같은 과목을 응시하게 됩니다.

이는 문과·이과 구분 없이 모든 학생이 공통된 기준에서 실력을 평가받게 되는 변화입니다. 그만큼 기초 개념을 얼마나 정확히 이해하고 응용하느냐가 중요해졌습니다.

수능 vs 내신 비교

항목	수능형 문제	내신형 문제
출제 범위	전국 공통 교육과정 내 핵심 개념	학교별 수업 내용과 연계된 세부 내용
난이도 조절	변별력 중심(고난도 문항 포함)	이해 중심(기초부터 서술형, 고난도까지 다양)
문항 유형	객관식 중심(국어, 수학, 탐구 등) +일부 주관식	객관식+서술형·논술형 비중 증가
출제 주체	한국교육과정평가원	학교 교과 담당 교사
출제 방식	고등학교 교육과정 기반 사고력 중심 문제	수업내용 반영, 암기+이해+표현력 평가
평가 목적	대입을 위한 전국 단위 변별 평가	학교 내 상대평가 또는 절대평가
필요 역량	개념 응용력, 문제해결력, 시간 관리	교과서 기반 이해력, 표현력, 서술력

고등학생은 언제 수능 공부를 시작할까요?

　일반적으로 고등학교 2학년 후반 또는 3학년이 되어 본격적인 수능 공부에 들어가는 경우가 많습니다. 1학년 때는 주로 학생부 종합전형을 위한 활동과 내신 관리에 집중하게 되기 때문에, 수능 준비는 상대적으로 뒷순위로 밀리곤 합니다. 대부분의 학생이

수능 평가 방식(2022 개정 교육과정 기준)

영역		문항수	문항 유형별	배점 문항별	배점 전체	시험 시간	(출제과목) 출제범위
국어		45	5지선다형	2,3	100점	80분	(화법과 언어, 독서와작문, 문학) 출제 과목을 바탕으로 다양한 소재의 지문과 자료를 활용하여 출제
수학		30	5지선다형 단답형	2,3,4	100점	100분	(대수, 미적분1, 확률과 통계) 단답형 30% 포함
영어		45	5지선다형 (듣기 17문항)	2,3	100점	70분	(영어Ⅰ, 영어Ⅱ) 출제과목을 바탕으로 다양한 소재의 지문과 자료를 활용하여 출제
한국사		20	5지선다형	2,3	50점	30분	한국사를 바탕으로 우리 역사에 대한 기본 소양을
탐구	사회	25	5지선다형	1.5,2,2.5	50점	40분	(통합사회/통합과학) 사회 과학 탐구 선택자는 반드시 사회과학탐구에 모두 응시 점수는 분리하여 산출
	과학	25	5지선다형	1.5,2,2.5	50점	40분	
	직업	25	5지선다형	1.5,2,2.5	50점	40분	(성공적인 직업생활)
제2외국어/한문		과목당 20	5지선다형	2,3	과목당 50점	과목당 30분	(독일어, 프랑스어, 스페인어, 중국어, 일본어, 러시아어, 아랍어, 베트남어, 한문 9개 과목 중 택1)

고등학교 재학 중 모의고사를 통해 수능 유형을 경험하고, 전국에서 자신의 위치를 파악하게 됩니다.

상황이 이렇다고 하더라도 수능은 대학 입시를 위해 반드시 치러야 하는 시험입니다. 때문에 고등학생이라면 수능이라는 시험은 어떤 시험이고 내신과는 어떻게 다른지도 파악하고 있어야 합니다. 요즘은 내신 평가도 수능형으로 출제하는 학교가 많아, 내신 준비를 하면서 자연스럽게 수능에도 대비할 수 있습니다.

입시의 흐름은 분명히 바뀌고 있습니다. 그러나 어떤 변화 속에서도 '기본 학업 역량'은 여전히 중심에 있습니다. 결국 입시는 단기간의 전략이 아니라, 꾸준한 사고력과 표현력의 축적입니다. 아이가 어떤 시험을 치르든, 스스로 사고하고 표현할 수 있는 힘을 길러 주는 것이 부모가 지금 할 수 있는 가장 좋은 준비입니다.

내신과 수능, 어떻게 함께 준비할까?

가장 중요한 전략은 내신과 수능을 별개로 보지 않는 것입니다. 두 시험 모두 교과서 개념에 충실한 학습이 기본이며, 그 개념을 어떻게 평가하느냐의 방식만 다를 뿐입니다.

내신 준비는 수업 시간에 집중하고 선생님의 강조 포인트를 놓치지 않는 것이 핵심입니다. 교과서, 프린트, 부교재를 반복해 익히며, 단원평가와 기출문제도 적극 활용해야 합니다.

수능 준비는 개념을 정확하게 이해하고, 다양한 상황에 적용하는 훈련이 필요합니다. 반복 학습으로 개념을 체화한 뒤, 유형별 문제풀이 – 고난도 문제 응용 – 오답노트 분석의 흐름으로 학습을 확장해야 합니다.

특히 수능은 자신이 한 번도 본 적 없는 지문과 문제를 마주쳤을 때, 그 상황을 이해하고 개념을 적용해 문제를 푸는 능력을 평가합니다. 그래서 평소 공부할 때도 단순히 '맞았는가'가 아니라, 왜 이 개념이 이 상황에 쓰였는가를 고민하며 공부해야 합니다.

내신을 너무 쉽게 출제하는 학교의 경우, 학생들이 수능에서 기대만큼의 성적을 얻지 못하는 경우가 많습니다. 학교 안에서는 상위권인데 전국 단위 시험에서는 낮은 등급을 받는 일이 흔합니다. 수능최저기준을 충족하지 못해 수시에서 최종 탈락하는 경우도 여기에 속합니다.

결국 고등학교 공부는 처음부터 수능형 사고와 연결되어야 하며, 내신에서도 단지 외운 것을 쓰는 것이 아니라 적용, 응용, 추론형 문제까지 대비하는 태도가 필요합니다.

이 모든 이야기는 중·고등학교 아이들만의 이야기가 아닙니다. 초등 고학년부터 독해력, 표현력, 사고력 기반의 학습 습관을 갖춰야, 고등학교 입학 이후 내신과 수능 모두에서 당황하지 않고 학업을 이어갈 수 있습니다. 독서 후 내용을 요약해 보는 습관, 자신의 의견을 글로 표현해 보는 연습, 발표와 토론을 통해 말로 사고를 정리해 보는 경험 등 이런 훈련들이 모여서, 결국 고등학교에서 내신도 잘하고 수능도 잘하는 아이로 성장할 수 있습니다.

수능 과목별 출제 경향은 어떠할까요?

수능은 단순히 지식을 묻는 시험이 아니라, 고등학교 교육과정을 바탕으로 대학 학업에 필요한 사고력과 적용 능력을 평가하는 시험입니다. 과목별로 요구하는 능력은 다르지만, 공통적으로 핵심 개념의 이해와 다양한 상황에의 응용력을 측정합니다.

■ 1교시 | 국어: 개념 이해 + 비판적 독해력

✓ 평가 목적
- 국어 교육과정을 기반으로, 대학 수학에 필요한 국어 능력을 평가합니다.
- 학습한 지식과 기능을 다양한 글과 담화에 적용하는 사고력을 측정합니다.

✓ 출제 방식

- 지문은 문학, 독서, 화법, 작문, 언어, 매체 전 영역에서 출제됩니다.
- 다양한 소재와 구조의 글을 활용해 내용 파악, 구조 분석, 필자의 의도 해석 등을 요구합니다.
- 문학 영역은 단순 해석이 아니라, 작품의 본질, 수용 방식, 역사적 맥락 등 종합적 이해를 평가합니다.

✓ 학습 전략
- 단순 암기보다 문학과 비문학을 해석하는 프레임을 익혀야 합니다.
- 문학은 작품별 특성과 주제의식 파악, 비문학은 논리 구조와 주장 전개 방식 이해에 집중합니다.
- 기출문제 분석을 통해 지문 구성 방식과 문항 유형에 대한 익숙함을 기르는 것이 효과적입니다.

■ 2교시 | 수학: 개념 기반 응용력 + 논리적 추론

✓ 평가 목적
- 교육과정을 바탕으로 수학적 개념과 원리, 법칙의 이해 및 적용 능력을 평가합니다.
- 수학적 사고력과 논리적 추론 능력을 중시합니다.

✓ 출제 방식
- 공식 암기나 단순 계산보다는 개념을 다양한 문제 상황에 적용

하는 능력을 요구합니다.
- 정해진 풀이 절차가 아닌, 문제 속에서 규칙과 원리를 스스로 찾아내는 능력을 평가합니다.

✓ **학습 전략**
- 수학 개념의 '정의'와 '원리'를 정확히 이해하는 것이 선행되어야 합니다.
- 기본 개념 → 대표 유형 문제 → 응용/변형 문제 순으로 훈련하면서 다양한 문제 상황에 개념을 적용하는 연습을 해야 합니다.
- 풀이 과정에서 왜 이 개념이 필요한지, 어떤 조건이 문제 해결에 핵심인지 고민하며 접근해야 합니다.

■ 3교시 | 영어: 정확한 독해력 + 실용적 언어 활용 능력

✓ **평가 목적**
- 고등학교 영어 교육과정을 바탕으로, 대학 수학에 필요한 영어 사용 능력을 평가합니다.
- 단순 독해를 넘어, 실제적 의사소통 능력(듣기, 읽기, 간접 말하기)을 포함합니다.

✓ **출제 방식**
- 영어Ⅰ과 영어Ⅱ 과목을 기준으로, 인문·사회·과학·문학 등 다양한 소재의 지문이 출제됩니다.

- 어휘는 교육과정 어휘와 고빈도 어휘 위주로 구성되며, 지문은 유창성 + 정확성을 동시에 평가합니다.
- 듣기는 원어민의 실제 말하기 상황을 이해하는 능력, 읽기는 배경지식과 문맥 단서를 통해 의미를 추론하는 능력을 평가합니다.

✓ 학습 전략

- 독해력 향상이 핵심이며, 문장 단위 독해에서 문단-글 전체의 구조 파악으로 확장해야 합니다.
- 듣기는 자막 없이 반복 청취 + 따라 말하기 훈련이 효과적입니다.
- 정답률이 낮은 유형(빈칸 추론, 문장 삽입 등)에 대해 문장 연결의 논리 구조를 이해하는 훈련이 필요합니다.

과목	평가 초점	출제 특징	학습 전략 핵심
국어	독해력, 비판적 사고	다양한 글 소재와 구조 / 문학+비문학 균형	개념 이해 → 기출 분석 → 구조화된 독해 연습
수학	개념 응용력, 논리 추론	계산보다 사고력 중시 / 다양한 상황 제시	원리 이해 → 대표 유형 → 응용/추론 문제
영어	실용적 언어 능력	듣기+읽기 중심 / 유창성+정확성 강조	구조 독해 → 고난도 유형 집중 훈련

【예시 문항 2】 국어 18~21번 세트의 19, 21번

[18~21] 다음 글을 읽고 물음에 답하시오.

　　황상과 만조백관이 어찌할 줄 모르더니 좌장군 서경태가 급히 입직군을 동원하여 칼을 들고 내달아 크게 꾸짖길,
　　"이 몸을 음악한 놈아, 어찌 이런 변을 짓느냐?"
하고 칼을 들어 치니 아귀가 몸을 기울여 피하고 입을 벌려 숨을 들이쉬니 서경태가 날리어 아귀 입으로 들어갔다. 상이 보시다가 크게 놀라,
　　"짐이 여러 번 전장을 지내었으되 이런 일은 보도 듣도 못하였으니 제신 중에 뉘 이 짐승을 잡아 짐의 한을 씻으리오."
정서장군 한세충이 나와 아뢰길,
　　"소장이 비록 재주 없으나 저것을 베어 황상께 바치리이다."
하고 황금 무구에 엄심갑을 입고 팔 척 장창을 들고 청룡마를 내달아 외쳐 말하길,
[A]　　"흉적은 목을 늘여 내 칼을 받으라."
아귀가 크게 웃고 말하길,
　　"아까는 내 숨을 들이쉬어 모기 같은 것도 삼켰으니 지금은 숨을 내쉴 것이니 네 눈을 부릅뜨고 자세히 보라."
하고 입을 벌려 숨을 내부니 황상과 만조백관이 오 리나 밀려갔다. 아귀가 궁중이 텅 빈 것을 보고 세 공주를 등에 업고 돌아갔다.
　　이때 황상이 제신과 함께 정신을 겨우 차려 환궁하시니 세 공주가 다 없음을 상께 이 연고를 아뢰니 상이 크게 놀라 하교하시되,
　　"이런 해괴한 변이 천고에 없으니 경들의 소견이 어떠하뇨?"
하고 용루를 흘리시니 조정에 모인 여러 신하가 감히 우러러 보지 못하였다.
이우영이 아뢰길,
　　"전 좌승상 김규가 지모 넉넉하오니 불러 문의하심이 마땅할까 하나이다."
상이 깨달아 조서를 내려 김규를 부르셨다.
　　이때 승상이 원을 데리고 평안히 지내더니 천만의외에 사관이 조서를 가지고 왔거늘 받자와 떼어 보옵니,
　　"전임 좌승상에게 부치나니 그사이 고향에서 무사한가. 짐은 불행하여 공주를 잃고 종적을 모르니 통한함을 어찌 측량하리오. 경에게 옛 벼슬을 다시 내리나니 바삐 올라와 고명한 소견으로 짐의 아득함을 깨닫게 하라."
하였다. 승상이 사관을 후대하고 국변을 물으니 아귀 작란하던 일과 세 공주 잃은 말을 대강 고하니 승상이 못내 슬퍼하며 상경하여 사은숙배하니, 상이 보시고,
　　"경이 고향에 돌아감은 짐이 불명한 탓이로다. 국운이 불행하여 세 공주를 일시에 잃었으니 짐의 이 원을 어찌하리오? 경의 소견으로 이 일을 도모하면 평생의 한을 풀리로다."
승상이 엎드려 아뢰길,
　　"소신이 자식이 있사온데 장법 겁술이 일세에 무쌍하와 매일 종적 없이 다니옵기 연고를 물으니 철마산에 가 무예를 익히다가 일일은 그 산에서 아귀라 하는 짐승을 만나 겨루고 그 뒤를 좇아 바위 구멍으로 들어감을 보았노라 하옵기 과연 허언이 아닌가 싶사오니 ⓑ자식을 불러 들으심이 마땅하올까 하나이다."

[중략 부분의 줄거리] 원은 황상을 뵙고 원수가 되어 철마산 아귀의 소굴로 들어간다.

원수가 백계를 생각하다가 갑자기 깨달아 공주께 아뢰기를,
　　"독한 술을 많이 빚어 좋은 안주를 장만하여야 계교를 베풀리다."
하고, 약속을 정해 여러 여자를 청하여 여차여차하게 계교를 갖추고 기다리라고 하였다.
이때 아귀가 원의 칼에 상한 머리 거의 나으니 모든 시녀를 불러 말하기를,
　　ⓒ"내 병이 조금 나았으니 사오일 후 세상에 나가 남두성을 잡아 죽여 이 원한을 풀리라. 너희는 나를 위하여 마음을 위로하라."
여자들이 이 말을 듣고 크게 기뻐하여 각각 술과 성찬을 권하기를,
　　"대왕의 상처가 나으시면 첩 등의 복이 아니오니까. 대왕께 ⓓ수이 차도를 얻사오면 남두성 잡기야 어찌 근심하리오? 주찬을 대령하였사오니 다 드셔서 첩 등의 우러르는 마음을 즐겁게 하소서."
아귀가 가져오라 하거늘, 여러 여자가 일시에 한 그릇씩 드리니 아홉 입으로 권하는 대로 먹으니 그 수를 알 수 없었다. 술이 취하매 여러 여자가 거짓으로 위로하여,
　　"장군은 잠깐 잠을 청하여 아픔을 잊으소서."
아귀가 듣고 잠을 자려 하거늘, 막내 공주가 곁에 앉아 말하길,
　　"보검을 놓고 주무소서. 취중에 보검을 한번 휘둘러 치면 잔명이 끊어질까 하나이다."
아귀가 말하기를,
　　"장수가 잠이 드나 칼을 어찌 손에서 놓으리오마는 혹 실수함이 있을까 하노니 머리맡에 세워 두라."
하고 주거늘, 공주가 받아 놓고 잠들기를 기다렸다. 아귀가 깊이 잠들었거늘, 비수를 가지고 협실로 나와 원수에게 잠들었음을 이르고 함께 후원에 이르러 큰 기둥을 가리키며,
　　"원수의 칼로 저 기둥을 쳐 보소서."
원수가 칼을 들어 기둥을 치니 반만 부러졌다. 공주가 크게 놀라 말하기를,
　　"만일 그 칼을 썼더라면 성사도 못하고 도리어 큰 화가 미칠 뻔하였습니다."
아귀가 쓰던 비수로 기둥을 치니 썩은 풀이 베어지는 듯하였다.
　　　　　　　　　　　　　　　　　　　- 작자 미상, 「김원전」-

※문제출처: 한국교육과정평가원

19. ㉠과 관련하여 윗글을 이해한 내용으로 적절하지 <u>않은</u> 것은?

① 황상은 ㉠의 심각성을 이전의 '전장'과 비교하고, 그때의 경험에 근거하여 ㉠에 대한 대처 방안을 찾아낸다.
② 이우영은 ㉠의 해결을 위해 '조정'에서 황상의 질문에 답하며 ㉠에 대처할 방안을 찾아 줄 지모 있는 인물을 거명한다.
③ 황상은 ㉠의 여파가 미치지 않은 '고향'에서 편안히 지내던 승상에게 ㉠으로 인한 위기 상황을 일러다.
④ 승상은 ㉠의 원흉인 아귀를 원이 '철마산'에서 본 것을 황상에게 아뢰고, ㉠을 해결할 단서를 제공할 인물을 천거한다.
⑤ 원은 ㉠의 해결 방안을 떠올리고, '협실'에서 공주를 만나 ㉠을 해결할 수 있는 기회가 왔음을 알게 된다.

21. <보기>를 참고하여 윗글을 감상한 내용으로 적절하지 <u>않은</u> 것은? [3점]

―――――< 보 기 >―――――
「김원전」은 당대의 보편적 가치인 충군을 주제로, 초월적 능력을 지닌 주인공과 기이한 존재인 적대자의 필연적 대결 관계를 보여 준다. 특히 적대자의 압도적 무력에 맞서는 과정에서 인물에 따라, 혹은 인물이 처한 상황에 따라 다른 대응 방식을 보여 줌으로써 독자의 흥미를 자극한다.

① 서경태가 입직군을 동원해 아귀와 맞서고 원수가 계교를 마련해 아귀를 상대하는 데서, 압도적 무력을 지닌 적대자에 대응하는 양상이 서로 다름을 알 수 있군.
② 한세충이 황상의 한을 씻고자 아귀에게 대항하고 승상이 황상의 불행에 슬퍼하며 상경하는 데서, 인물들이 충군의 가치를 지키고 있음을 알 수 있군.
③ 원이 아귀의 머리를 상하게 한 것과 아귀가 남두성인 원에게 원한을 갚겠다고 다짐하는 데서, 주인공과 적대자의 대결이 피할 수 없는 것임을 알 수 있군.
④ 공주가 황상에게는 국운의 불행으로 잃은 대상이지만 원수에게는 약속대로 아귀를 잠들게 하는 인물인 데서, 여성 인물이 사건의 피해자이자 해결을 돕는 존재임을 알 수 있군.
⑤ 일세에 무쌍한 무예를 갖춘 원수가 아귀의 비수로 기둥을 베어 보는 데서, 주인공이 적대자를 처치하기 위해 자신의 계획대로 초월적 능력을 시험하고 있음을 알 수 있군.

[예시 문항 1] 수학(공통과목) 21번

21. 양수 a에 대하여 $x \geq -1$에서 정의된 함수 $f(x)$는

$$f(x) = \begin{cases} -x^2 + 6x & (-1 \leq x < 6) \\ a\log_4(x-5) & (x \geq 6) \end{cases}$$

이다. $t \geq 0$인 실수 t에 대하여 닫힌구간 $[t-1, t+1]$에서의 $f(x)$의 최댓값을 $g(t)$라 하자. 구간 $[0, \infty)$에서 함수 $g(t)$의 최솟값이 5가 되도록 하는 양수 a의 최솟값을 구하시오. [4점]

[예시 문항 2] 수학(선택과목: 미적분) 26번

26. 그림과 같이 곡선 $y = \sqrt{(1-2x)\cos x}$ $\left(\dfrac{3}{4}\pi \leq x \leq \dfrac{5}{4}\pi\right)$와 x축 및 두 직선 $x = \dfrac{3}{4}\pi$, $x = \dfrac{5}{4}\pi$로 둘러싸인 부분을 밑면으로 하는 입체도형이 있다. 이 입체도형을 x축에 수직인 평면으로 자른 단면이 모두 정사각형일 때, 이 입체도형의 부피는? [3점]

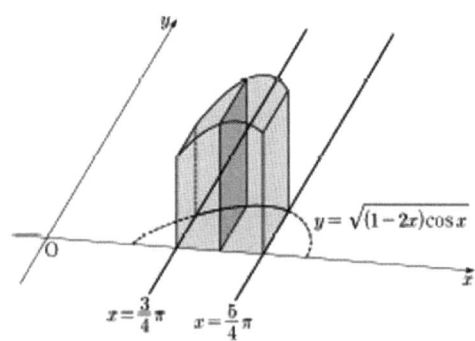

① $\sqrt{2}\pi - \sqrt{2}$ ② $\sqrt{2}\pi - 1$ ③ $2\sqrt{2}\pi - \sqrt{2}$
④ $2\sqrt{2}\pi - 1$ ⑤ $2\sqrt{2}\pi$

【예시 문항 1】 영어 3번

3. 다음을 듣고, 여자가 하는 말의 요지로 가장 적절한 것을 고르시오.

① 일정한 실내 온도 유지는 건강에 중요한 역할을 한다.
② 충분한 햇빛 노출은 수면 호르몬 분비를 촉진한다.
③ 정서 안정을 위해서는 양질의 수면이 필요하다.
④ 수면 안대를 착용하면 잠드는 데 도움이 될 수 있다.
⑤ 적당한 밝기의 조명은 일의 능률을 향상시킬 수 있다.

<대본>

> W: Hello, listeners. This is *Dr. Graham's One-minute Health Tips*. Getting a good night's sleep is important for your health. But recently, more and more people are experiencing trouble falling asleep. If that's your case, wearing an eye mask for sleeping can help you fall asleep. If your room doesn't get dark enough, it'll be difficult to fall asleep. This is because light interferes with the release of the hormone that makes you sleepy. An eye mask can block the light, which makes it easier for you to fall asleep. Why not try one tonight? I'll be back with more tips next time!

【예시 문항 3】 영어 23번

23. 다음 글의 주제로 가장 적절한 것은?

Managers of natural resources typically face market incentives that provide financial rewards for exploitation. For example, owners of forest lands have a market incentive to cut down trees rather than manage the forest for carbon capture, wildlife habitat, flood protection, and other ecosystem services. These services provide the owner with no financial benefits, and thus are unlikely to influence management decisions. But the economic benefits provided by these services, based on their non-market values, may exceed the economic value of the timber. For example, a United Nations initiative has estimated that the economic benefits of ecosystem services provided by tropical forests, including climate regulation, water purification, and erosion prevention, are over three times greater per hectare than the market benefits. Thus cutting down the trees is economically inefficient, and markets are not sending the correct "signal" to favor ecosystem services over extractive uses.

* exploitation: 이용 ** timber: 목재

① necessity of calculating the market values of ecosystem services
② significance of weighing forest resources' non-market values
③ impact of using forest resources to maximize financial benefits
④ merits of balancing forests' market and non-market values
⑤ ways of increasing the efficiency of managing natural resources

관문 ❷

나의 내신보다
대학을 높여갈 수 있는 논술

논술전형은 수시 모집에서 학생부보다 논술시험 성적을 중시하는 전형입니다. 대학에서 직접 문제를 출제하는 논술전형은 사고력, 논리력, 글쓰기 능력을 평가하고 주로 상위권 대학에서 비중 있게 선발합니다. 이 전형은 내신이 다소 부족해도 역전이 가능한 기회이기 때문에, 특히 내신 3등급 이하 학생들에게는 인서울 진학을 위한 유일한 카드가 되기도 합니다.

논술전형은 왜 주목받을까요?

논술전형은 평균 경쟁률이 가장 높은 전형입니다. 학생부종합전형이나 학생부교과전형으로 인서울 대학에 진학할 수 있는 인원은 상위 10~20%정도입니다. 이 얘기는 80% 가까운 아이들이 수시전형에서 쓸 카드는 논술전형밖에 없다는 의미입니다. 수시전형에서 쓸 수 있는 지원 카드가 6장입니다. 인서울 대학이 목표인 경우 학생부 내신 경쟁력이 떨어지는 3등급 이하 학생들이 수시전형에 쓸 수 있는 대학은 많지 않습니다. 6장의 카드를 전부 논술전형으로 쓰는 경우부터 학생부종합전형과 논술전형을 나누어 3논술, 2논술 이런 식으로 지원하게 됩니다.

- 높은 경쟁률: 학생부 교과/종합전형은 상위 약 10~20% 학생에게 유리합니다. 이들을 제외하면, 대부분의 학생에게 논술은 현실적인 전략입니다.
- 6장의 수시 카드 활용: 수시에서 6장의 지원 카드를 사용할 수 있는데, 내신이 불리한 경우 논술전형 비중을 높일 수밖에 없습니다(6논술, 4논술+2종합, 3논술+3종합 등)
- 대학의 자율성 보장: 대학은 자교의 철학에 맞게 문제를 출제하고 평가할 수 있어, 대학과 학과에 적합한 학생을 선발할 수 있습니다.

논술전형은 준비기간이 오래 걸리고 전문적인 글쓰기 훈련이 필요합니다. 대학별로 논술유형이 다르기 때문에 시험범위나 유형, 수능최저기준 등을 참고해 자신에게 최적화된 대학을 찾아 맞춤형으로 준비해야 합격 가능성을 높일 수 있습니다.

논술시험 종류

논술 시험은 인문계열 학생들이 치르는 인문논술과 자연계열 학생들이 치르는 수리논술이 있습니다. 인문논술은 시사, 철학, 사회, 경제 관련 제시문 기반의 통합 논술입니다. 제시문을 분석 후 주제 통합, 비판적 사고력을 평가합니다. 자연계열은 수학 또는 과학 중심 문제해결형 논술입니다. 수능 수준의 문제를 서술식으로 풀고 과정을 서술하는 방식입니다.

- 인문논술: 시사, 철학, 사회, 경제 등 다양한 제시문을 분석해 주제를 통합하고 비판적으로 사고하는 능력을 평가.
- 자연논술(수리논술): 수학 또는 과학 중심 문제를 서술식으로 풀며, 과정 설명과 논리적 사고가 중요.

논술은 준비하는데 시간이 많이 걸리는 시험입니다. 그럼에도 불구하고 많은 학생들이 고3 때 수시 원서를 쓰면서 논술전형 카드를 쓰게 되는 경우가 허다합니다. 자신의 내신성적과 학생부로 합격 가능한 대학들이 생각보다 적다는 것을 수시 원서를 쓰면서 깨닫게 되기 때문이죠.

논술전형을 갑자기 혹은 마지못해 하는 선택이 아닌 학생부와 더불어 수시전형의 한 축으로써 1학년부터 혹은 최소 2학년부터는 전형을 파악하고 준비하라고 권하고 싶습니다.

시간이 얼마 남지 않은 상황에서 섣부르게 논술전형을 시작하다가 수능까지 망치는 경우를 너무도 많이 보았습니다. 논술전형은 기본적으로 대학별 시험과 수능최저기준을 묶어서 보는 시험이기 때문에 수능을 망치면 아무리 논술시험을 잘보더라도 소용이 없습니다.

- 내신이 약해도 상위권 대학 진학을 노릴 수 있는 유일한 수시전형
- 경쟁률이 높지만 기회도 확실한 전형
- 충분한 시간과 전략적인 준비가 반드시 필요
- 수능최저기준 충족이 매우 중요

논술전형, 혼자 준비할 수 있을까?

제가 한양대학교 모의논술 문제를 그대로 지면에 가져온 이유

가 있습니다. 대학에서 직접 출제하는 논술문제는 사실 위와 같이 출제의도, 출제근거, 평가기준 그리고 모범답안까지 매우 상세하게 공개하고 있습니다.(p192~200) 위의 논술문제만 보더라도 대학 입시 논술 문제가 깜깜이가 아니라는 것을 알 수 있을 것입니다.

사실 많은 학부모님들은 논술은 사교육의 주범이라고 생각하는 경향이 있습니다. 이는 논술전형에 대한 오해에서 비롯된 것입니다. 대학에서 출제하는 모든 논술문제는 고등학교 교육과정 범위 내에서 출제해야만 합니다. 선행학습금지법에 의거해 고등학교 교육과정 밖에서 출제할 경우 대학은 교육부로부터 불이익을 받게 됩니다. 이 사실만 명확히 인지하고 있어도 혼자서도 논술전형 준비가 가능합니다.

한양대 모의논술 예시 문제에서 알 수 있듯이, 대학은 모의논술을 통해 아주 구체적으로 논술 시험을 어떻게 준비해야 하는지 알려준다는 사실을 인지하고 활용하시길 바랍니다. 고등학교 1학년 때부터 출제될 문제의 방향성, 출제의도 및 문제해설, 평가기준, 출제근거를 파악하고 있는 학생이라면 내신이나 수능 공부에도 도움이 되는 공부를 할 수 있게 됩니다.

모의논술뿐만아니라 대학별로 논술전형에 대해 안내하고 있는 논술가이드북도 대학별 논술시험을 파악할 수 있는 중요한 자료입니다(대학 입학처 홈페이지에서 내려받을 수 있습니다).

모의논술 문제에 이어 살펴볼 것은 지원할 대학의 기출문제 분석입니다(대학 입학처 홈페이지나 대학어디가 사이트에서 다운로드받을 수 있습니다). 대학은 매해 치르는 대학별 고사인 논술과 구술면접 문제를 어디에서 어떻게 출제했는지, 출제 과목은 물론 출제단원까지 상세하게 기록하여 모두 공개하고 있습니다. 이것이 선행학습 영향평가자료집입니다.

지원하고자 하는 대학의 선행학습 영향평가자료집을 상세하게 파악하면 해당 대학의 문제 유형을 파악할 수 있습니다. 논술전형의 전반적인 내용을 파악할 수 있을 뿐만아니라 어떻게 논술시험을 준비해야 하는지 확실한 방향을 보입니다.

- 모의논술 문제: 출제의도, 평가기준, 모범답안까지 포함해 구체적 안내 제공.
- 논술 가이드북: 대학별 논술전형의 특징, 유형, 준비 방향 등을 설명.
- 기출문제 + 선행학습 영향평가자료집: 과거 문제와 출제단원, 평가기준 등을 상세히 확인 가능.

  → 이 자료들은 대학 입학처 홈페이지 또는 '대학어디가' 사이트에서 열람 및 다운로드할 수 있습니다.

논술전형은 학생부 반영 비율이 높지 않아 논술점수와 수능최저 충족 여부가 당락을 결정합니다. 논술전형을 준비하기 위해 학생들이 가장 먼저 찾는 곳은 논술대비 학원입니다. 학생부 경쟁력이 떨어지는 많은 학생들이 도망치듯 논술전형으로 몰리는 경향이 있는 만큼 쫓기듯 학원의 요구에 맞추기보다 차분하게 체계적으로 준비하는 것이 합격 가능성이 높습니다.

본격적인 논술 준비 전략

대학별로 논술전형과 논술시험 유형에 대한 파악이 끝났다면 본격적으로 논술 공부를 시작해야 합니다. 논술시험은 어떻게 준비할까요?

논술전형에 가장 적합한 학생은 내신 성적이 목표 대학보다 낮지만 수능 최저를 맞출 수 있는 가능성이 높은 학생입니다.

우선 자신의 학생부와 수능최저기준 충족 여부를 파악한 후 합격 가능성이 높은 대학을 선택합니다. 논술시험에서 가장 중요한 것은 제시문 독해인 만큼 시사 칼럼, 철학 텍스트, 과학 지문 등을 읽고 요약하는 훈련은 논술 공부의 기본 토대입니다.

인문논술과 자연논술 계열별로 논술전형의 논제 유형을 파악하는 것도 중요합니다. 일반적으로 인문계열 논술은 인문통합논술 문제를 출제하고, 상경계열의 경우 인문논술에 도표나 통계를 활용한 수리논술을 보는 경우가 많습니다. 자연계열 논술은 대부분 수리논술 유형이고 과목은 수학입니다. 일부 대학과 계열에서 과학논술 또는 과학통합논술을 보기도 합니다.

수리논술에 유리한 학생은 수학 성적이 좋은 경우입니다. 특히 수능 수학을 탄탄히 준비해 둔 자연계열 수험생이라면 논술전형에 도전하면 승산이 있습니다. 수리논술의 핵심 준비 포인트는

수리논술 VS 인문논술

구분	수리논술	인문논술
계열	자연계(이공계, 의약계열 포함)	인문·사회계열
출제 과목	수학(일부 대학은 과학 포함)	국어, 사회, 철학, 경제 등
출제 유형	수능과 내신 수준의 수학 문제를 서술식 풀이	제시문 독해 후 주장 정리, 비교, 비판적 논증
답안 형식	계산 과정 + 논리 전개(문장과 수식 혼합)	서술형 문장 중심(800~1500자 내외)
평가 요소	계산 정확도, 풀이 논리성, 수학적 사고력	독해력, 논리성, 비판적 사고력, 글쓰기 능력
학습 방법	수능 수학 개념+문제풀이+풀이과정 서술 훈련	시사·철학 제시문 분석+논제 요약+논술 훈련
대표 대학	성균관대(자연), 연세대(자연), 중앙대(자연), 아주대 등	연세대(인문), 성균관대(인문), 중앙대(인문), 경희대 등

수능 수학 문제를 풀 때 풀이과정을 서술하는 훈련을 하는 것으로 이를 통해 수능과 논술을 동시에 대비할 수 있습니다. 또한 기출문제를 풀면서 대학 측에서 제시한 출제 의도와 평가기준을 적용하면서 풀어야 합니다.

인문계열 논술은 국어, 사회 과목에 강하고 글쓰기에 자신 있는 학생이 유리합니다. 제시문을 읽고 핵심을 파악해 논리적으로 정리하는 능력, 독서량이 많고 시사 인문 분야에 관심이 많은 학생이라면 논술공부를 시작하기에 유리합니다. 인문논술은 제시문을 정확하게 독해하고 요약하는 것이 가장 기본입니다. 평소에 수능 독해 지문을 요약하고 비판하는 훈련을 하고, 기출문제를 풀어 보면서 대학에서 제시한 출제의도와 문제해설을 꼼꼼히 파악하면서 논리적 글쓰기 훈련을 하는 것이 효과적인 공부법입니다.

■ 논술 준비 전략

1. 전략 수립
- 내신과 수능 최저 충족 가능성 분석
- 대학별 논술시험 유형과 출제경향 파악

2. 독해력과 요약력 훈련
- 시사 칼럼, 철학 텍스트, 과학 지문 등을 읽고 요약하는 연습

3. 기출 분석 + 실전 연습
- 기출문제 풀이 시 대학이 제시한 출제의도와 평가기준을 활용

4. 계열별 준비 포인트

- 인문계: 국어/사회 과목에 강하고 독해와 글쓰기에 자신 있는 학생에게 유리
- 자연계: 수능 수학 실력이 탄탄한 학생이 수리논술 대비에 유리

인문계열 논술 문항 예시(2025학년도 한양대 모의논술)

[문제] (가), (나)에서 말하는 '대중문화'의 관점을 활용하여 바람직한 문화 향유 주체가 어떻게 가능한지 자신의 의견을 밝히고, (다)의 입장에 서서 ㉠과 ㉡에 대해 옹호 혹은 비판하시오.(1200자, 100점)

(가) 오늘날 문화 소비자들의 자발성이나 상상력이 위축된 이유를 그 어떤 심리적 메커니즘에서 찾을 필요는 없다. 문화 생산물 자체의 속성에 따라 그러한 능력은 어느새 불가가 되어 버렸다. 우리에게 ㉠가장 필요한 문화의 속성을 제대로 파악하기 위해서는 상당한 관찰력과 사전 지식이 요구되지만, 우리 시대의 문화 상품은 곧잘 문화 소비자들로 하여금 적극적으로 사유하는 것을 불가능하게끔 만들어 버린다. 문화 산업의 생산물은 여가 생활에서조차 소비가 활발하게 이루어지기를 노리기 때문이다. 개개의 문화 생산물은 모든 사람을 일하는 시간과 마찬가지로 휴식 시간에도 잡아 놓는 거대한 경제 체계의 일부가 된다. 어떤 영화나 방송 프로그램이든 언뜻 보면 임의적인 것처럼 보이지만, 사실은 사람을 각 사회에서 요구하는 규격품처럼 재생산하려는 의도를 담고 있다.

(나) 팝 아트 같은 대중문화는 코카콜라 같은 것이다. 돈을 더 낸다고 더 좋은 콜라를 마실 수 있는 것은 아니다. 돈을 더 내면 콜라의 수가 많아지는 것일 뿐 내용이 좋아지지는 않는다. 누구나 같은 것을 마신다. 대통령이 마시는 콜라든, 유명 연예인이 마시는 콜라든, 길거리 건달이 마시는 콜라든 모두 같은 것이다. 평등하고 쉽다. ㉡가장 환상적인 문화는 비즈니스에서 성공하는 것이다. 히피가 유행하던 시절의 사람들은 비즈니스의 개념을 격하했다. 히피들은 '돈은 더러운 것이다.' 또는 '일하는 것은 추하다.'라고 했다. 그러나 돈 버는 일은 예술이고, 일하는 것도 예술이며, 돈을 잘 버는 비즈니스가 최고의 예술이다. 예술을 포괄하는 문화에는 고급과 저급이 존재할 수 없다. 부를 갖춘 자나 사회적 지위가 높은 사람만이 누리는 기존의 예술은 비즈니스에서 성공하기 어렵고 많은 사람들이 함께 누리기도 어렵다.

(다) 우리는 다른 장인(匠人)들도 감시하며 생물들의 그림, 조각, 건축, 다른 예술 작품에서 나쁜 성격과 무절제와 야비함과 추함을 그리지 못하게 막아야 하며, 우리의 이러한 지시를 따르지 못하겠다면 그들이 우리나라에서 장인으로 활동하는 것을 금지해야 하네. 우리는 아름답고 우아한 것을 알아낼 수 있는 재능을 타고난 장인들을 찾아내야 하네. 그러면 우리 젊은이들은 건강한 환경에 살게 되어 혜택을 받을 것이네. 그들이 보고 듣는 모든 예술 작품이 몸에 좋은 곳에서 불어오는 미풍처럼 그들에게 좋은 영향을 주며, 어릴 때부터 곧장 자기도 모르는 사이에 아름다운 말투를 닮고 사랑하고 공감하도록 그들을 이끌어 줄 것이기 때문이네. 글라우콘, 시가(詩歌) 교육이 그토록 중요한 것은 다음 두 가지 이유 때문이 아닐까? 첫째, 리듬과 선법은 그 무엇보다 더 깊숙이 혼의 내면으로 침투하며 우아함을 가져다줌으로써 혼에 가장 큰 영향을 끼치네. 그것들은 누가 좋은 교육을 받았을 경우 그를 우아하게 만들고, 누가 나쁜 교육을 받았을 경우 그를 그와 반대되는 사람으로 만드네. 둘째, 이 분야에서 제대로 교육 받은 사람은 예술 작품이나 자연의 결점들을 가장 분명히 알아보게 될 것이네. 그러면 그는 그것들의 추함이 역겨워 아름다운 것들을 칭찬하고 반길 것이며, 아름다운 것들을 그렇게 혼 안으로 받아들이면 그 자신도 아름답고 훌륭해질 것이네.

1. 출제의도 및 문제해설

　이번 모의논술 문제는 자본주의 체제하에서의 문화생산물을 누리는 문화향유 주체의 속성과 본질에 대한 의제를 다루었다. 문화 소비자들이 어떠한 자세를 가지고 문화를 향유해야 하는지를 성찰하는 방향으로 설계되었다. 지문(가)에서 대중문화의 부정적 속성을 비판하는 것을 이해하고, (나)에서 강조된 대중예술의 가능성을 포괄하여 (다)에서 강조된 예술교육의 의미와 연결하도록 하였다. 모든 제시문을 활용하여 답안을 작성하도록 하였다. 이러한 과정에서 경험에 근거한 합리적 이유를 추론하는 능력, 주어진 맥락에 비추어 제시문의 의미를 해석하는 능력, 자료를 활용하여 자신의 의견을 논증하는 능력을 두루 평가하고자 하였다. 지문(가)는 아도르노와 호르크하이머에서 취했고, (나)는 EBS수능특강 140쪽의 신문칼럼을 다소수정한 것이고, (다)는 플라톤에서 따왔다. 고등학교 교과서 단원과의 연계를 실현하고자 하였다. 제시문은 교육과정을 정상적으로 공부한 고등학생이라면 별 어려움 없이 핵심내용을 이해하고 이를 바탕으로 자신의 의견을 개진할 수 있도록 구성되었다.

　평가의 내용
- (가)와 (나)의 핵심 내용을 제대로 이해하였는지 여부

- (다)의 내용을 온전히 이해하였는지 여부
- (다)에대한 바탕으로 (가)와 (나)를 효과적으로 평가하였는지 여부

2. 분석적 평가의 영역, 세부 항목 및 배점

영역	항목과 핵심 내용		배점
구성과 전개	(가)와(나)의 내용을 충실하게 파악하고 그 맥락에서 자신의 입장을 진술하고, (다)의 입장에서(가)에 대한 옹호와 (나)에대한 비판을 효과적으로 설득력있게 제시하였다.		20
분석적인추론, 상징적 의미의 발견 및 창의적인 대응방안 제시	분석적 추론	(가)와 (나)의 내용을 충실하게 제시한다.	20
	상징적 의미의 발견	(다)의 맥락에서 (가)를 옹호하고 (나)를 비판하는 연결고리를 잘구성한다.	25
	창의적인 대응방안 제시	이상을 바탕으로 자신의 문화향유 주체에 대한 의견을 잘 진술한다.	25
문장과 표현	정확한 단어 및 표현선택, 자연스러운 문장구성, 문장 및 단락 사이의 유기적 연결을 평가한다		10

3. 종합적 평가의 기준과 내용

종합점수	\<A\> 상-중-하	\<B\> 상-중-하	\<C\> 상-중-하	\<F\>
평가 내용	① (가)와 (나)의내용을 충실하게 분석,요약하였다. ②(다)의입장에서 (가)와 (나)에 대한 옹호와 비판의 의견을 잘진술하였다. ③이상을바탕으로자신의 의견을잘구현하였다.	①~③의 내용 중 한 가지의 서술이 다소 미흡한 경우	①~③의 내용 중 한 가지의 서술이 다소 미흡한 경우	한 가지만 충족하거나 논제와 상관없이 피상적나열에 그친 경우 -700자미만

4. 형식상 감점 내용

1) 분량 및 어문 규범

길이	1,150자 이상 1,250자 이내	1,250자 초과	1,000자 이상 1,150자 미만	950자 이상 1,000자 미만	900자 이상 950자 미만	850자 이상 900자 미만	800자 이상 850자 미만	750자 이상 800자 미만
	감점 없음	-1점	-1점	-2점	-4점	-6점	-8	-10

원고지 사용법·어문 규정	상(0-2개 틀림)		중(3-5개 틀림)		하(6개 이상 틀림)	
	감점 없음		-1 ~ -2점		-3 ~ -5점	

2) 내용 조직

- 문장과 문장의 연결리 적절하지 못한 경우 : -2점
- 단락의 구분이 적절하지 못한 경우 : -2점
- 단락 내의 형식적·내용적 통일성을 갖추지 못한 경우 : -2점

5. 유의사항

- 주어진 글에 나타난 구절을 그대로 반복해서 사용하고 나열하는 것은 감점 요인이다.
- 원고지 사용법과 어문 규정을 적용하되, 감점 처리는 두드러지게 틀린 경우에 반영한다.
- '서론-본론-결론'의 형식을 갖추었는지 여부는 반영하지 않는다.
- 대응방안에 대한 평가에서는 창의성과 논리성을 중점적으로 판단한다.

자연계열 모의논술 문항 예시(2025학년도 한양대 모의논술)

[문제 1번] 다음 물음에 답하시오. (50점)

1. 서로 구분이 되지 않는 주사위 3개를 동시에 던질 때 나오는 눈의 수 a, b, c (단, $a \geq b \geq c$)에 대해 아래 식의 값이 자연수인 경우의 수를 구하시오.

$$\frac{a}{3}(a-c)^3 + \frac{b}{2}(a-c)^2 + (a-c)$$

2. 중심이 원점이고 반지름이 1인 원을 x축 방향으로 p만큼(단, $0 < p < 3$) y축 방향으로 1만큼 평행이동한 원 O가 있다. 원 O의 중심을 P라 하고, 원 O가 직선 $y = -\frac{1}{3}x + 2$와 만나는 두 점을 각각 Q, R이라 하자. 삼각형 $\triangle PQR$의 넓이가 최대가 되는 p를 구하고, 이때 삼각형 $\triangle PQR$의 넓이를 구하시오.

3. 자연수 n에 대해 한 변의 길이가 $\sqrt[7]{n}$인 정육각형의 임의의 세 꼭짓점으로 만든 삼각형 중 넓이가 양의 정수인 삼각형의 개수를 a_n이라고 하자. $\sum_{n=1}^{2025} a_n$의 값을 구하시오.

1. 출제의도 및 문제해설

 자연계열 문제 1번은 고등학교에서 고교과정의 수학을 정상적으로 이수한 학생이라면 충분히 해결할 수 있는 문제들로 구성되었으며, 모든 교과서에서 공통으로 다루는 내용을 바탕으로 출제되었다. 아래 3개의 소문항으로 구성되어 있다.

 문항1은 던져진 주사위의 눈의 수가 주어진 식을 만족하는 경우의 수를 묻는 것으로, 서로 배제되는 경우를 잘 구분하여 셀 수 있는지를 평가한다. 문항2는 원을 평행이동하여 직선과 만나는 교점을 찾고, 직선과 점 사이의 거리를 구할 수 있는지, 최댓값을 구하는 방법을 알고 있는지를 묻고 있다. 문항3은 정육각형에서 임의의 세 꼭짓점으로 만들 수 있는 삼각형의 종류와 개수를 찾고, 넓이를 구하는 방법을 알고 있는지, 이를 바탕으로 수열의 합을 구하는 방법을 알고 있는지를 묻고있다.

2. 종합평가 기준

문항	배점	세부 평가 기준	세부 배점
1	30	요구하는 경우의 수를 명확히 구했는가?	20
		경우의 수를 세는 과정을 명확히 잘 기술하였는가?	10
2	30	원과 직선이 만나는 두 점 사이의 거리를 p에 대한 식으로 구했는가?	10
		원의 중심과 직선 사이의 거리를 p에 대한 식으로 구했는가?	10
		미분을 이용하여 극댓값을 구하였는가?	10
3	40	정육각형에서 임의의 세 꼭짓점으로 만들 수 있는 삼각형의 종류와 개수를 올바르게 구했는가?	20
		삼각형의 종류에 따른 넓이를 n에 대한 식으로 구했는가?	10
		넓이에 대한 식을 이용하여 수열의 합을 올바르게 구했는가?	10

3. 출제근거

교과서 수학 (미래엔 황선욱 외 8인)- 경우의 수 - 경우의 수 - 합의 법칙 / 교과서 수학 (미래엔 황선욱 외 8인)- 도형의 방정식 -

직선의 방정식- 점과 직선 사이의 거리 / 교과서 수학 (미래엔 황선욱 외 8인)- 도형의 방정식- 원의 방정식- 원의 방정식 / 교과서 수학 (미래엔 황선욱 외 8인)- 도형의 방정식- 도형의 이동- 평행이동 / 교과서 수학Ⅱ (좋은책신사고 고성은 외 6인)- 다항함수의 미분법- 도함수의 활용- 함수의 극대와 극소 / 교과서 수학 (미래엔 황선욱 외 8인)- 경우의 수- 조합- 조합 / 교과서 수학Ⅰ (미래엔 황선욱 외 8인)- 지수함수와 로그함수- 지수함수- 거듭제곱과 거듭제곱근 / 교과서 수학Ⅰ (미래엔 황선욱 외 8인)- 삼각함수- 삼각함수의 활용- 삼각형의 넓이 / 교과서 수학Ⅰ (미래엔 황선욱 외 8인)- 수열- 수열의 합- 수열의 합

[문제 2번] 다음 물음에 답하시오. (50점)

1. 오른쪽 그림과 같이 한 변의 길이가 1인 정육면체 ABCD-EFGH가 있다. 점 P, Q, R는 각각 모서리 AD, EF, GC 위에 있고, $\overline{DP} = \overline{EQ} = \overline{GR}$ 를 만족시키며 움직인다. 점 P, Q, R를 지나는 평면과 평면 EFGH가 이루는 각의 크기는 일정함을 보이시오.

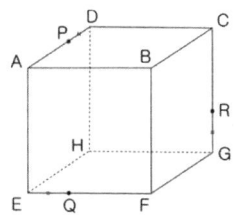

2. 집합 $\{(x,y) \mid 1 \leq x \leq 7, 1 \leq y \leq 2, x, y$ 는 자연수$\}$의 원소인 14개의 점에 빨간색, 파란색, 노란색의 세 가지 색 중 한 가지 색을 칠한다. 이 집합의 원소인 두 점 $(x_1, y_1), (x_2, y_2)$가 $|x_1-x_2|+|y_1-y_2|=1$을 만족시키면 서로 다른 색을 칠하고자 할 때, 가능한 모든 경우의 수를 구하시오.

3. 사차함수 $f(x)$의 도함수는 $f'(x) = x^3 - x^2 + k$이다. (단, k는 실수).
이때, 실수 t에 대해 직선 $y=t$와 함수 $y=f(x)$의 그래프의 교점의 개수를 $g(t)$라 하자. 함수 $g(t)$가 연속이 아닌 점을 오직 1개만 갖게 하는 k의 값의 범위를 구하시오.

1. 출제의도 및 문제해설

자연계열문제 2번은 고등학교에서 고교과정의 수학을 정상적으로 이수한 학생이라면 충분히 해결할 수 있는 문제들로 구성되었으며, 모든 교과서에서 공통으로 다루는 내용을 바탕으로 출제되었다. 아래 3개의 소문항으로 구성되어 있다.

문항1은 도형에 대한 기본적인 지식을 바탕으로, 정사영의 넓이 사이의 관계를 적절히 활용해서 결론을 끌어낼 수 있는지를 묻고 있다.

문항2는 경우의 수의 곱의 법칙을 이용하여 주어진 조건을 만족하는 경우의 수를 정확히 세고 있는지를 묻고 있다.

문항3은 다항함수가 주어졌을 때 그 도함수로부터 원래 함수의 그래프의 개형을 유추할 수 있는지를 묻고 있다.

2. 종합평가 기준

문항	세부평가 기준	세부 배점
1	삼각형 PQR의 넓이와 이 삼각형의 평면 EFGH 위로의 정사영의 넓이를 구했는가?	20
	평면 PQR와 평면 EFGH가 이루는 각이 일정함을 보였는가?	10
2	점(x,1)와 (x,2)가 서로 다르게 색칠되어 있을 때, 점 (x+1,1)와 점 (x+1,2)를 조건을 만족시키며 색칠하는 경우의 수를 구했는가?	10
	경우의 수의 곱의 법칙을 사용하여 전체 경우의 수를 구했는가?	20
3	k의 값에 따라 y=f(x)의 그래프의 개형이 어떻게 나타났는지 설명하였는가?	20
	y=f(x)와 y=t의 그래프의 교점의 개수가 t의 값에 따라 어떻게 변하는지 설명하였는가?	20

3. 출제 근거

교과서 기하(미래엔황선욱외8인)—공간도형과공간좌표공간도형 정사영 / 교과서수학(천재교과서류희찬외10인)—경우의수경우의수 / 교과서미적분(비상교육김원경외14인)—미분법도함수의 활용

※모의 논술문항 출처: 한양대학교 입학처

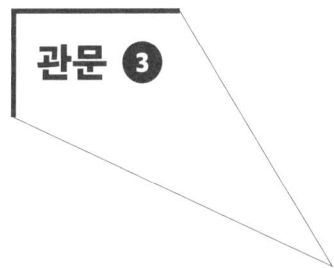
관문 ❸

대입의 마지막 관문
구술면접

구술면접은 대학 입시의 마지막 관문으로, 대학은 이를 통해 지원자의 사고력, 의사소통 능력, 전공적합성, 인성, 학업 역량을 종합적으로 평가합니다. 특히 상위권 대학에서는 면접 비중이 크고, 유형에 따라 준비 방식도 달라집니다.

면접에서 보는 종합 역량 5요소

1. 전공적합성

면접을 통해 확인하는 전공적합성은 해당 전공(학과)에 대해 얼마나 관심이 있고, 준비가 되어 있는지 확인하는 것입니다. 학교생활기록부 내 관련 독서활동, 진로활동, 세특 등을 통해 학업에 대한 열정과 전공 이해도를 평가하고 "이 전공을 택한 이유는 무엇인가?", "전공과 관련하여 스스로 탐구해 본 경험이나 활동이 있다면?"과 같은 질문을 할 수 있습니다.

✓ 예상 질문 예시
- 이 전공을 선택한 이유는 무엇인가요?
- 관련해서 스스로 탐구하거나 활동해 본 경험이 있나요?

2. 사고력 및 문제해결력

제시된 문제나 상황에 대해 논리적·창의적으로 사고하고, 현실적 대안을 제시할 수 있는 능력을 평가합니다. 특정 문제 상황에 대한 분석 및 대처 방식을 평가합니다.

✓ 예상 질문 예시
- A와 B의 입장이 대립할 때 당신의 견해는 무엇인가요?
- 이 문제를 해결할 방안을 제시해 보세요.

3. 의사소통 능력

의사소통 능력은 자신의 생각을 조리 있게 말하는 능력입니다.

면접관의 질문을 정확히 이해하고, 상황에 맞게 말할 수 있는지를 평가합니다. 말의 구조가 명확한지, 질문에 대한 답변을 정확하게 하고 있는지, 표정, 태도, 자세 등 비언어적 표현이 자연스러운가 등을 봅니다.

✓ **평가 기준**
- 문장의 구조가 명확한가?
- 질문에 정확히 답하고 있는가?
- 표정, 태도, 자세 등 비언어적 표현은 자연스러운가?

4. 인성과 태도

예의, 배려, 성실성, 협업 태도 등을 보는 항목인 학생의 인성과 태도도 면접에서는 자연스럽게 평가요소가 됩니다. 진정성 있게 말하는지, 겸손하면서 자신감 있게 말하는지를 평가합니다. 인사, 눈맞춤, 경청, 말끝 흐리지 않기 등에 유의하고 솔직하면서 긍정적인 태도를 유지하는 것이 중요합니다.

✓ **면접 태도 팁**
- 인사, 눈맞춤, 말끝 흐리지 않기
- 솔직하고 긍정적인 태도 유지

5. 학업 역량 및 제시문 기반 논리력

교과 학업 역량 또는 제시문 기반 논리력은 구술면접에서 가장 중요하게 평가하는 부분입니다. 보통 제시문 기반 면접이나 심층면접일 경우에 해당되는데요. 제시문을 읽고 요지를 파악하고, 논리적으로 설명해야 합니다. 단순히 지식을 암기하는 것으로는 안되고 사고력과 표현력이 뒷받침이 되어야 합니다. 인문계열은 교과 기본 개념을 다룬 사회 이슈를 제시문으로 준 후 견해를 묻는 경우가 많고, 자연계열은 수학과 과학 개념을 응용한 문제를 제시한 후 해결방안을 설명하도록 요구하는 문제들이 대부분입니다.

✓ **계열별 특징**
- 인문계: 사회 이슈를 담은 제시문 분석 + 비판적 사고
- 자연계: 수학/과학 개념을 응용한 문제 해결

대입 서류기반 면접 빈출 문항

진로	지원동기, 입학 후 학업계획, 졸업 후 진로
창의적 체험활동	자율활동, 동아리활동, 진로활동, 봉사활동에 관한 심층 질문
과목별 세부능력 및 특기사항	해단 전공과 관련된 소양, 적성, 관심,흥미
독서활동	진로 결정에 영향을 준 책
시사이슈	전공 관련 이슈, 최근 동향, 사회적 화두

면접 유형별 특징

서울대학교 면접을 기준으로 살펴봅시다.

서울대학교의 면접은 단순히 지식을 아는지 확인하는 시험이 아닙니다. 무엇을 아는지보다 어떻게 사고하고 설명하는지, 그리고 새로운 상황에 어떻게 대응하는지를 묻는 과정입니다.

전형별로 살펴보면, 일반전형은 제시문 기반 구술면접, 지역균형전형은 서류기반 면접이 실시되며, 의과대학·치의과대학·수의과대학은 다중미니면접(MMI) 방식을, 사범대는 교직 적성·인성 면접을 추가로 진행합니다.

면접위원은 보통 복수로 구성되며, 한 명의 지원자를 약 15분 동안 평가합니다. 학생이 준비한 답변을 일방적으로 듣는 것이 아니라, 준비 과정에서 나온 논리를 검증하고 확장하는 질문을 던져 문제 해결력, 논리적 사고력, 창의적 사고력을 종합적으로 평가합니다.

제시문 기반 면접은 고등학교 교육과정의 개념을 토대로 출제됩니다. 그러나 단순 암기 여부를 확인하는 것이 아니라, 주어진 자료를 분석하고 자신의 언어로 설명하며 문제를 해결하는 과정을 봅니다. 예컨대 과거에는 "삼권분립이란 무엇인가?"처럼 정의를 묻는 문제가 많았다면, 지금은 "최근 정치 사례를 들어 삼권분립의 원리를 설명하라"와 같은 방식으로 바뀐 것입니다.

서류기반 면접은 학생부와 제출 서류를 토대로 질문합니다. 이때 중요한 것은 활동의 단순한 나열이 아니라, 동기 → 과정(역량·어려움) → 결과 → 성장이라는 서사를 보여주는 것입니다. 같은 활동이라도 "무엇을 했는가"에서 멈추지 않고, "왜 했는지, 어떤 어려움을 겪었는지, 그 과정을 통해 무엇을 배웠는지"까지 이야기해야 면접관에게 매력적으로 다가갑니다.

서울대는 매년 논술·구술 문제를 포함한 대학별 고사 기출문제를 공개하고, 해당 문제가 고등학교 교육과정 범위에서 출제되었음을 증명하는 자료집을 발간합니다. 이 선행학습 영향평가자료집은 수험생과 학부모가 구술면접을 이해하는 데 가장 좋은 자료입니다. 기출문제를 풀어 보고 출제 의도와 해설을 분석하는 것만으로도, 구술면접이 단순히 '막연히 어렵다'는 두려움의 대상이 아니라 준비 가능한 시험이라는 것을 깨닫게 됩니다.

서울대 인문사회계열 구술면접의 경우, 인문학과 사회과학 제시문이 각각 출제되며 총 두 세트를 다루게 됩니다. 학생은 30분 동안 답변을 준비하고, 이후 15분간 면접실에서 교수진과 질의응답을 주고받습니다. 단순히 준비한 내용을 발표하는 자리가 아니라, 즉석에서 사고를 확장하고 표현하는 능력을 시험하는 시간입니다.

 서울대 면접은 결국 '정답 찾기' 시험이 아니라 사고력 시험입니다. 부모가 자녀에게 해 줄 수 있는 가장 큰 도움은 사교육식 암기 훈련이 아니라, 평소 생활 속에서 "왜?", "어떻게?"라는 질문을 던지고 답하는 습관을 길러 주는 것입니다. 제시문 속 드러난 정보뿐 아니라 숨겨진 맥락을 추론하고, 자신의 생각을 논리적으로 설명하는 힘이야말로 구술면접에서 합격을 가르는 진짜 역량입니다.

 실제로 그런지 2025학년도 신입생들이 치렀던 서울대 구술면접 문항을 통해서 확인해보겠습니다.

2025학년도 수시 일반전형 면접 및 구술고사

※ 제시문을 읽고 문제에 답하시오.

문제 1.
[그림 1]과 같이 한 변의 길이가 2인 정삼각형 ABC가 있다. 세 점 X, Y, Z는 각각 변 AB, 변 BC, 변 CA 위의 점으로 $\overline{AX} = \overline{BY} = \overline{CZ} = 2a$를 만족한다.(단, a는 0 < a < 1인 실수)

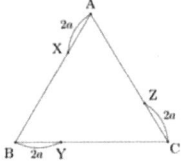
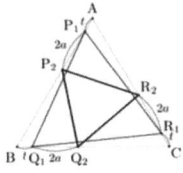

[그림 1] 삼각형 ABC와 점 X, Y, Z   [그림 2] 시작 t에 점들의 위치

정삼각형 ABC의 세 변 위를 여섯 점 $P_1, P_2, Q_1, Q_2, R_1, R_2$가 다음 **[규칙]**에 따라 **[그림 2]**와 같이 움직인다.

[규칙]

(가) 두 점 P_1, P_2는 각각 점 A, X에서 시각 $t=0$에 동시에 출발하여 변 AB를 따라 속도1로 점 B를 향해 움직인다.

(나) 두 점 Q_1, Q_2는 각각 점 B, Y에서 시각 $t=0$에 동시에 출발하여 변 BC를 따라 속도1로 점 C를 향해 움직인다.

(다) 두점 R_1, R_2는 각각 점 C, Z에서 시각 $t=0$에 동시에 출발하여 변 CA를 따라 속도1로 점 A를 향해 움직인다.

(라) 시각 $t=2-2a$가 되어 세 점 P_2, Q_2, R_2가 각각 점 B, C, A에 도착하면, 여섯 점 $P_1, P_2, Q_1, Q_2, R_1, R_2$는 모두 이동을 멈춘다.

1-1. 시각 $t(0 \leq t \leq 2-2a)$에서의 삼각형 $P_1Q_1R_1$의 넓이를 t에 대한 식으로 나타내시오.

1-2. 두 삼각형 $P_1Q_1R_1$과 $P_2Q_2R_2$의 넓이가 같아지는 t을 a에 대한 식으로 나타내시오.

1-3. 시각 $t(0 \leq t \leq 2-2n)$에서의 삼각형 $P_1Q_1R_1$의 넓이와 삼각형 $P_2Q_2R_2$의 넓이의 곱을 $f(t)$라 하자. 닫힌구간 [0, 2-2a]에서 함수 $f(t)$가 $t=t_0$에서 최솟값을 가지도록 하는 실수 a의 값의 범위를 구하시오. (단, t_0은 **문제 1-2**에서 구한 값이다.)

1-4. 닫힌구간 [0, 2-2a]에서 함수 $f(t)$가 $t=t_0$에서 최댓값을 가지도록 하는 실수 a의 값의 범위를 구하시오. (단, t_0은 **문제 1-2**에서 구한 값이다.)

※ 제시문을 읽고 문제에 답하시오.

(가) 인간 사회의 특성 중 하나는 상황에 대한 사람들의 예측이 사태의 전개에 영향을 미친다는 것이다. 자연 세계에서 혜성의 운동에 대한 예측은 그 궤도에 영향을 주지 않는다. 반면, 인간 사회에서는 은행 파산에 대한 예측이 확산되면 공포에 휩싸 사람들이 예금을 인출하고, 그 결과 재정적으로 탄탄한 은행도 파산에 이를 수 있다. 이러한 자기실현적 예언 (self-fulfilling prophey)의 사례는 얼마든지 찾아볼 수 있다. 서로 간에 전쟁이 불가피하다고 믿는 두 국가는 군비 증강 경쟁에 나설 것이고, 이는 실제 전쟁으로 이어지게 된다. 또한, ㉠ 특정한 집단이 열등하고 반사회적이라는 믿음 하에 공동체에서 배제된다면 차별과 배제를 경험한 이들은 실제로 실패하고 반사회적 행위를 하게 될 것이다. (중략)

(나) 저주만으로 죽음에 이르는 소위 **'부두 죽음(yoodoo death)'**은 전 세계 곳곳에서 발견된다. 주술사에게 공개적으로 저주를 받은 개인은 집단의 전통에 따라 자신의 죽음을 확신하게 되고, 그의 친구와 친척들도 이러한 확신을 공유한다. 그때부터 공동체는 이 저주받은 개인을 이미 죽은 자이자 집단에 위협이 되는 존재로 대한다. 모든 사회적 유대에서 배제되고 사회적 기능과 활동을 박탈당한 결과, 그는 사회적 인간성의 붕괴를 견디지 못하고 죽음에 이른다. (중략)

(다) 많은 사람들이 물가 상승을 예측하고 그 불확실성을 두려워하면 어떻게 될까? 가계는 가격 상승 전에 소비를 늘리고, 기업은 원자재 가격의 상승을 우려해 제품 가격을 인상하며, 노동조합은 최대치의 임금 인상을 요구할 것이다. 이에 따라 실제로 과도한 물가 상승이 발생하게 된다. 이러한 변동성을 적절히 통제하기 위한 방법 중 하나가 '**물가 안정 목표제 (infletion targeting)**'이다. 이는 중앙은행이 정해진 기간에 목표로 하는 가 상승률을 공개함으로써 물가 상승을 원하는 범위 내로 관리하는 정책을 말한다. (중략)

[문제 1] (가)에 제시된 자기실현적 예언의 관점에서 (나)의 부두 죽음과 (다)의 물가 안정 목표제를 비교하여 설명하시오.

[문제 2] 사회 현상에 내재한 '자기실현적 예언'의 속성을 고려할 때, ㉠을 해결하기 위해 교육자, 언론인, 정책 입안자, 연구자, 차별 피해자 집단이 각각 어떤 노력을 할 수 있을지, 이 중 세 집단을 골라 설명하시오.

위는 2025학년 수시모집 일반전형 구술면접고사 사회과학 문제를 그대로 발췌한 것입니다. 이 문항에서 다룬 개념은 사회·문화 현상, 사회 불평등, 사회적 소수자에 대한 내용이고 출처는 국어와 사회 교육과정에 근거해서 출제했다고 출판사별 교과서 페이지까지 공개하고 있습니다. 뿐만아니라 [문제 1] 제시문의 의미를 정확히 파악하는 독해력과 이에 기반해 서로 다른 현상을 비교 분석하는 논리적 사고력을 평가하기 위한 문항이고, [문제 2] 제시문에 대한 정확한 이해에 기반해 특정 사회 현상에 대한 해결책을 제시하는 비판적·창의적 사고력을 평가하기 위한 문항이라고 친절하게 설명하고 있습니다. 실제로 구술고사 기출문제 자료집을 보면 상세한 문항 해설을 해주고 있음을 확인할 수 있습니다.

자연과학대학 수리과학부, 통계학과, 사범대학 수학교육과, 자유전공학부에서 활용한 수학 구술면접 문제 역시 사인법칙, 함수의 그래프, 함수의 대칭성, 함수의 최댓값과 최솟값 개념을 다루고 있음을 고시하고 있습니다. 교육과정 내 출제근거인 교육부 고시 제2020—236호[별책8] "수학과 교육과정"《수학》(2) 기하 도형의 이동《수학Ⅰ》(2)《삼각함수 수학Ⅱ》(2) 미분 도함수의 활용에서 출제했다고 안내하고 있습니다. 뿐만아니라 다음과 같이 문항해설을 통해 평가 기준도 알려 주고 있습니다.

문항해설

[1—1] 사인법칙을 이용하여 삼각형의 넓이를 구할 수 있는지 평가한다.

[1—2] 주어진 상황을 식으로 표현하고, 방정식을 활용하여 문제를 해결할 수 있는지 평가한다.

[1—3] 함수의 미분을 이용하여 그래프의 개형을 그리고 최솟값을 찾을 수 있는지 평가한다.

[1—4] 함수의 미분을 이용하여 그래프의 개형을 그리고 최댓값을 찾을 수 있는지 평가한다.

서울대 제시문 기반 구술면접 준비 핵심 포인트

계열	준비 포인트
자연계열	• 개념 정확성 + 응용 설명 능력 (칠판 포함) • 교과심화 질문 대비: 수학/과학 개념 → 적용/응용 • 판서 구술 연습: 개념을 칠판에 써가며 설명하는 연습 • 실전 대비서: 《서울대 면접 기출문제집》 • 교과 개념을 친구에게 '설명하듯' 말해보기 → 논리 흐름 체크
인문/사회	• 관점 비교 + 자신의 입장 + 구체 근거 • 제시문 기반 분석 연습: 논리적 요지 파악 + 본인 견해 제시 • 논리 구성 훈련: 두괄식 → 근거 → 예시 → 결론 • 핵심 주제: 윤리, 사회문제, 철학, 역사적 쟁점 등 • 시사 칼럼, 철학 글을 읽고 요약 + 찬반 의견 말하기
공통 학습 방법	• 기출/자료 분석 → 즉흥 연습 → 피드백 반복 • 서울대 아로리 웹진 : 실제 면접 후기 및 전공별 면접 분위기 참고 • 선행학습 영향평가 보고서 : 제시문 유형, 출제 방식, 교육과정 연계도 • 확인 논리 흐름이 자연스럽고 확장·연결 잘되는지 자주 체크 • 실전 모의면접 + 영상/피드백 훈련 병행

관문 4

학교생활기록부가 입시의 시작이자 끝인 이유

과거 입시에서 대학에 제출하는 서류는 학교생활기록부 외에도 교사추천서, 학교 프로파일(학교 소개서) 등이 있었습니다. 그러나 현재는 '고교 블라인드' 정책으로 인해 대학이 학생의 출신 학교를 확인할 수 없습니다. 현재 입시를 치를 때 대학에 제출하는 서류는 학교생활기록부가 유일합니다. 학교생활기록부가 입시의 시작이자 끝으로 불리는 이유입니다.

그래서 학교생활기록부에 기록된 내용들은 더욱 중요해졌습니다. 고교 블라인드가 시행되기 전에는 자사고나 갓반고라 불리는 상위권 비율이 높은 학교들에 대한 프리미엄이 있었습니다. 학교 이름만으로 상대적으로 낮은 내신에도 불구하고 합격하는 경우도 꽤 많았습니다. 블라인드 시행 전에는 1.0에 수렴할수록 유리한 내신, 교내수상기록, 독서량, 봉사활동 시간, 논문편수 등 양적으로 많은 학생일수록 유리했던 입시였습니다. 현재는 학교 이름으로 받던 혜택은 없습니다.

이처럼 학교도 학생도 알 수 없는 학교생활기록부에서 가장 중요한 것은 교과영역의 과목별 성적과 교과 세부능력 및 특기사항(세특)과 비교과 영역인 창의적체험활동(창체)인 자율활동, 동아리활동, 진로활동입니다.

대학은 이제 학생이 직접 활동한 내용, 그 안에서 보인 태도와 성장의 흐름, 그것이 교과나 진로와 얼마나 자연스럽게 연결되었는지를 면밀히 읽어 냅니다. 기록은 짧아졌지만, 읽히는 힘, 서술의 밀도와 의미가 매우 중요해졌습니다.

학생부종합전형의 4대 핵심 평가

1. 학업 역량: 성적만이 아닌, '지적 태도'까지 본다

대학은 내신 성적뿐 아니라 학생이 어떤 과목을 선택했고, 그 과목에서 어떤 태도를 보였는지 확인합니다. 심화 과목 선택 여부, 세특 내용, 지적 확장 노력, 꾸준한 탐구 자세 모두가 평가 요소입니다. 예를 들어 자연계열 지망 학생이 수학Ⅱ, 생명과학Ⅱ

학교생활기록부에 기재되는 내용과 입시 반영 & 미반영 항목

교과 영역	과목 세부능력 및 특기사항 (학기마다 기록)	과목당 500자
	방과후학교 활동(수강)	미기재
	영재·발명 교육실적	미반영
비교과 영역	자율활동	연간 500자
	동아리활동	연간 500자
	봉사 활동	특기사항 미기재
	진로 활동	연간 700자 진로희망 분야 대입 미반영
	교내대회 수상기록	대입 미반영
	독서활동	대입 미반영
행동 특성 및 종합의견	담임 교사의 학생 관찰기록(인성 중심)	연간 500자

미기재 : 학교생활기록부에서 삭제 / 미반영 : 학교생활기록부에는 기재하되 대입 자료로 미전송

등 고난도 과목을 선택하고, 해당 과목 세특에 탐구적 태도와 성실한 수업 참여가 기록되어 있다면 학업 역량이 높게 평가됩니다. 여기에 동아리활동이나 과제연구, 교내 학술대회 참여 등이 연계된다면 이상적인 그림입니다.

2. 전공적합성: 선택과 집중이 드러나야 한다

학생의 활동 전반이 특정 학문 분야로 향하고 있는지, 일관된

흐름이 있는지를 대학은 주의 깊게 살펴봅니다. 예를 들어 기계공학을 희망하는 학생이라면, 다음과 같은 스토리가 있으면 좋습니다.

- 물리학·수학 과목 선택
- 로봇 관련 동아리활동
- 관련 주제 독서 및 탐구보고서 작성

이와 같은 활동이 하나의 흐름으로 이어져야 전공적합성이 드러납니다. 대학은 '깊이 있는 관심과 노력의 흔적'을 보려 합니다.

3. 자기주도성 및 발전 가능성: 주도적으로 탐구하고 확장한 경험이 있는가?

자기주도성은 단순히 공부를 열심히 했다는 의미가 아닙니다. 스스로 주제를 정하고, 탐구하며, 실패를 겪더라도 끝까지 완수해내는 경험. 그리고 그 경험을 바탕으로 성장하는 태도가 드러나는지가 관건입니다.

예를 들어, 다음과 같은 활동이 필요합니다.

- 수업 중 질문을 통해 오류를 짚어 낸 사례
- 자율 동아리 개설 및 주도적 운영
- 방과 후 독서토론반 활동
- 교내 멘토링 프로그램 기획 및 참여

이러한 활동은 단순한 참여가 아니라 학생이 주체적으로 이끈 서사가 있다는 점에서 높은 평가를 받습니다.

4. 인성 및 공동체 의식: 태도와 관계 맺음이 핵심이다

이제는 봉사 시간이나 수상으로 인성을 평가하지 않습니다. 대학은 담임 교사가 작성한 '행동특성 및 종합의견'과 교과 세특·동아리·자율활동 등 전반적인 기록을 통해 인성을 간접적으로 평가합니다.

예를 들면 아래와 같습니다.
- 조별 발표에서 중재자 역할
- 친구와의 갈등을 스스로 해결한 사례
- 교내에서 자발적으로 리더십을 발휘한 활동

단 한 항목이라도 '인상적인 인성 서사'가 있다면 평가에 긍정적 영향을 줍니다. 반대로 학교폭력 등 치명적 기록이 있다면, 학

학생부종합전형 핵심평가 요소 방식(대학별 전형별로 다를 수 있음)

평가 요소	비중 예시(서울권 주요 대학)
학업 역량	30~40%
전공적합성	20~30%
자기주도성/성장	20~30%
인성/공동체성	10~20%

생부종합전형에서는 사실상 합격이 어렵습니다.

학교생활기록부가 보여 줘야 할 것은 열심히 활동한 흔적이 아니라 '왜 그것을 했고, 어떻게 성장했는가'입니다. 점점이 나열된 활동들은 의미를 만들지 못합니다. 활동과 활동 사이를 연결하는 맥락과 흐름이 필요합니다. 그래서 점이 아니라 선으로 보여 줘야 합니다.

따라서 활동은 많을 필요 없습니다. 오히려 적더라도 일관성 있게 이어진 흐름이 중요합니다. 학생이 무엇에 관심을 가졌고, 어떤 방식으로 몰입했으며, 그 과정에서 무엇을 배웠는지를 이야기로 보여 주는 것이 핵심입니다.

전지적 학생 시점: 학생부, 기록이 아닌 '나만의 서사'를 설계하라

대학에서 뽑고 싶은 학교생활기록부인지 아닌지 학생 스스로 판단하기는 쉽지 않습니다. 학생 나름대로 학교 활동을 열심히 했다고 생각하지만 막상 학교생활기록부에 적힌 내용은 허술하거나 학과에서 필요로 하는 부분을 채우지 못한 경우가 많습니다. 그러다 보니 학교생활기록부 관리를 위한 컨설팅 업체를 찾게 되기도 합니다. 사실 학생부종합전형을 가장 잘 준비할 수 있는 사람은 학생과 학부모입니다. 아이의 개별적인 특성과 성향, 능력치를 가장 많이 알고 있을 뿐만아니라 소속 학교의 교육과정과 분위기도 잘 알고 있기 때문입니다.

저는 학부모 강연을 다닐 때마가 학부모님들에게 강조하는 것이 있습니다. 바로 중학교 시기부터 매 학년이 끝나고 학생부 기록이 2월말 마감되면 3월경에는 학교생활기록부를 발급 받아 아이와 함께 읽어 보라는 것입니다.

읽으면서 체크해야 할 포인트는 ①전공 관련 과목을 이수했는가?(고등학생인 경우) ②세특에 아이의 태도와 성장이 드러나는가? ③비교과 활동은 꾸준하고 의미 있는가? ④자율활동, 동아리 활동 등에서 아이의 진로가 보이는가? 최소한 이 4가지를 스스로 묻고 답을 해 보세요.

이러한 과정을 통해 아이는 지난 해 자신이 활동했던 내용을 선생님들이 어떻게 기록해 주셨는지 확인하며, 다음 학년에서는 더 잘해야겠다고 다짐하게 됩니다. 학부모 역시 아이의 지난 1년 학교 활동 전체를 보면서 부족한 부분이 보이고, 다음 학년에 보완해야 할 부분도 보일 것입니다. 이 과정을 중학교 때 연습 삼아 하게 되면 실전인 고등학교 생활을 체계적으로 할 수 있을 것입니다.

✓ **매년 점검할 4가지 질문**

1. 전공 관련 과목을 이수했는가?
2. 세특에 학생의 태도와 성장이 드러나는가?
3. 비교과 활동은 꾸준하고 의미 있는가?
4. 창체 활동 속에서 진로에 대한 흐름이 보이는가?

학생부종합전형은 기록의 싸움이 아닌, 해석의 싸움입니다. 어떤 글자가 쓰여 있는지가 아니라, 그 글자들이 어떤 사람을 보여주고 있는가가 중요합니다. 이제는 '전지적 학생 시점'으로 학교생활기록부를 설계해야 합니다.

선택받는 학교생활기록부를 만드는 5가지 핵심 전략

학생부종합전형에서 중요한 것은 '얼마나 많은 활동을 했는가'가 아니라, 무엇을, 왜, 어떻게 했는지의 맥락과 흐름입니다. 다음의 5가지 전략은 '보이는 기록'을 넘어 '해석되는 서사'를 만드는 데 중심이 됩니다.

전략 1. 세특은 기록이 아닌 해석이다 — 수업 안에서 지적 태도를 보여라.

세특은 과목 담당 교사가 수업 시간에 학생을 관찰한 기록입니다. 과목당 500자씩 기록하며 수업 중에 학생이 한 발언이나 질문, 탐구활동, 수행평가, 자유발표 등의 과제를 구체적으로 적어줍니다. 단순히 '수업에 적극적으로 참여했다'거나 '특정 개념을 잘 알고 있다'는 기록에 머물면 좋은 평가를 받을 수 없습니다. 수업 내용을 사회적 이슈나 전공과 연계 해보는 시도, 다른 친구들과의 협업이나 토론을 이끄는 태도 등 학생의 사고력과 문제의식, 주도성이 드러나야 더욱 좋은 평가를 받을 수 있습니다.

예시)
- 환경 문제 수업에서 '플라스틱 대체재'를 자발적으로 조사해 발표함. 이후 관련 독서 내용을 공유하며 토론을 주도함.
- 탄소중립 이슈를 직접 조사하고, 관련 논문을 읽어 친구들과 토론을 이끔.
- 〈춘향전〉 여성 서사에 문제의식을 갖고 조별 발표 주제를 기획하고 이끌었음.

전략 2. 과목 선택은 '전공적합성'을 말한다 ― 선택과 집중이 설계되어야 한다.

학교생활기록부는 단순한 '기록'이 아니라 학생의 진로와 연결된 '설계된 흐름'입니다. 1학년 때는 모든 학생이 똑같이 공통과목을 이수하지만 2학년부터 전공 관련 교과를 선택하게 됩니다.

자신의 흥미를 1학년부터 3학년까지 과목으로 연결하고 그 과목 안에서 탐구하고 사고를 확장한 흔적을 남기는 것이 중요합니다. 단순히 '어려운 과목'을 선택하는 것이 아니라, 진로와 관련된 과목을 논리 있게 이어가며, 일반선택 → 진로선택 → 융합선택까지 점진적으로 깊이와 확장성을 보여주는 것이 핵심입니다.

예시)
- 심화 수학 과목 선택 이유를 확률 통계와 금융공학 연계 가능성으로 서술함.
- 생활과 윤리 수업에서 인공지능 윤리 주제로 보고서 작성 → 정보과학 동아리에서 알고리즘 편향성 탐구로 연계.

전략 3. 교과와 비교과는 따로가 아니다 — 주제를 중심으로 연결하라.

대학은 학생이 어떤 지식을 '배운 후' 그것을 어떻게 확장하고 응용했는지에 주목합니다. 고등학교 교육과정은 기본적인 지식은 교과영역에서 배우게 됩니다. 따라서 교과 수업시간에 배운 내용을 수업 외 활동 즉 비교과 활동에서 더욱 심화하고 확장해 나갈 수 있습니다. 즉, 수업(교과)에서 배운 내용을 바탕으로 독서, 동아리, 자율··진로활동 등(비교과)에서 지속적인 탐구의 서사를 만들어야 합니다.

예시)

생명과학Ⅱ 수업에서 생명윤리 개념 이해 →

세특: 생명윤리 관련 토론 수업 주도 →

독서: 생명윤리 관련 도서 탐독 →

자율활동 or 동아리: 생명윤리 주제 보고서 작성

전략 4. 창체는 활동이 아니라 서사의 무대다 — 항목별 성격에 맞게 계획하라.

 학교생활기록부 비교과 영역인 창의적 체험활동은 학교의 교육계획에 의해 운영되는 자율활동, 학생 주도로 운영되는 동아리활동, 진로를 탐색하고 키워 나가는 진로활동이 있습니다. 봉사활동은 특기사항에 기록하지 않게 되면서 현재 대입 평가에서 핵심은 자율활동, 동아리활동, 진로활동입니다.

- 자율활동(연 500자)

 학교에서 운영하는 독서프로그램, 인문학 강연, 신문 제작 등 학생이 교육계획 안에서 참여한 활동입니다. 전공 관련성, 탐구정신, 공동체 의식 등 학생의 태도와 관심사가 드러나야 합니다.

- 동아리활동(연 500자)

 전공과 관련된 주제에 대해 탐구하거나 실험·토론·프로젝트를 진행하는 활동이 이상적입니다. 조별 활동 속에서 자기주도성, 협업능력, 성실성이 드러나야 합니다.

- 진로활동(연 700자)

가장 많은 분량이 허용되는 만큼, 학생의 성장 흐름과 진로의 심화·전환·확장 과정이 기록되어야 합니다. 관심 → 탐색 → 경험 → 선택 → 확신에 이르는 서사가 있으면 좋습니다.

전략 5. 독서는 평가되지 않지만 해석된다 — 활동 속에 드러나는 책의 힘.

과거에는 어떤 책을 읽었는지 그리고 책이 자신의 진로나 가치관 등에 미친 영향을 적도록 했습니다. 하지만 현재 학교생활기록부에서 독서활동은 기재하되 대입에는 반영되지 않습니다. 하지만 이는 단순히 '중요하지 않다'는 뜻이 아닙니다. 전공관련 탐구보고서를 작성하거나 수행평가 과제를 할 때도 독서는 필수입니다. 과목별로 수행평가로 책읽기와 독서 후 활동들이 과제로 주어지는 경우가 많습니다. 정량적으로 읽은 책을 기록하던 것에서 교과 세특이나 비교과 영역 활동시 읽은 책과 그 책을 활용한 내용이 드러나 있어야 합니다.

대학은 학생이 '어떤 주제를 더 깊이 알고 싶어 했고, 어떤 책을 참고해 어떻게 사고를 확장했는지, 세특, 자율활동, 동아리, 진로활동 등 다른 항목에 책이 어떻게 활용되었는지'를 유심히 봅니다.

학생부종합전형 4대 핵심 영역과 학교 활동 연계성 예시

핵심 평가 영역	교과 영역 활동	비교과 영역 활동
학업 역량(성취도 +학업 태도)	•내신 성적 (성취도) •교과 세부능력 및 특기사항 •심화/선택과목 이수	•자기주도학습 사례 •교과 연계 탐구보고서 •교내 학술대회 발표
전공적합성(과목 선택+진로탐색)	•진로 관련 과목 선택 •전공과 연계된 탐구 내용 기재	•진로탐색 활동 •동아리활동 •전공 관련 독서 •실험 실습 경험
자기주도성 및 발전 가능성(탐구력 +주도적활동)	•자율적인 심화학습 •교사 피드백 반영 및 개선 모습	•자율 활동 계획 및 실행 •과제 연구 주제 선정 •교내 프로그램 기획 등
인성(협력+책임감 +배려)	•협력적 수업 참여 태도 •책임감 있는 과제 수행	•봉사 활동 •리더십 경험 •갈등 해결 사례 •조별활동 참여 태도

- 좋은 학생부는 '많이'보다 '깊이 있게 연결된 흐름'이다
- '열심히 한 활동들'이 아니라, 왜 했는지, 어떻게 성장했는지를 보여 줘야 합니다.
- 교과-비교과-진로가 하나의 주제로 유기적으로 연결되어야 합니다.
- 기록이 아니라 맥락과 서사가 있는 학생부가 선택받습니다.

적는 자만 살아남는 학생부종합전형

학생부종합전형은 '기록'이 핵심입니다. 고등학교 생활의 모든 과정은 결국 '학교생활기록부'라는 문서로 요약되어 대학에 제출되기 때문입니다. 이 기록을 어떻게 이해하고, 어떻게 계획하고, 어떻게 반영할지를 아는 것이 학종 성공의 열쇠입니다. 다음 사항을 꼭 확인하세요.

1. 학교생활기록부, 언제 완성되나요?

학년이 끝난 2월 말에 해당 학년의 기록이 완성되고, 3월부터 열람이 가능합니다. 따라서 1학년부터 모든 활동이 학생부에 반영된다는 인식을 가져야 합니다.

2. 중학교 학생부, 왜 미리 봐야 하나요?

중학교 생활기록부는 고등학교 학생부와 거의 동일한 양식으로 구성됩니다. 중학교 기록을 확인하면, 자신의 강점/약점, 활동 패턴을 미리 파악할 수 있습니다. 특목고·자사고 입시를 준비한 학생들은 이미 중학교 때부터 학생부를 기반으로 자소서를 써 본 경험이 있어 유리합니다.

입시에서 '살아남는 기록 전략'

시기	해야 할 일
중3 겨울	중학교 학생부 분석 → 고등학교 활동계획 수립
고1	기록될 수 있는 활동 적극 참여, 흐름 만들기
고2	전공적합성 있는 과목 선택 및 비교과 활동 연계
고3	기록 검토, 면접 대비

3. 많은 학생들이 '자신의 학생부'를 모른다?

고1을 마칠 때까지 학생부를 한 번도 안 본 학생들이 많습니다. 심지어 수시 원서 쓰는 고3 가을에 처음 학생부를 보는 경우도 있습니다. 기록이 남는 시기를 지나고 나서야 중요성을 깨닫는다면 원하는 대학과 학과에 진학하기 어렵습니다.

4. 진학할 고등학교의 활동, 학생부에 어떻게 적히는지를 파악하자

학교마다 입시 대비 프로그램이 다르며, 그 활동이 자율활동인지, 동아리활동인지, 진로 활동인지 구분해서 학생부에 기재됩니다. 학교에서 활동 — 기록 연계 안내 자료를 배포하는 경우, 반드시 숙지하세요. 안내가 없다면, 학교에 문의하여 직접 확인해 두는 것이 좋습니다.

5. 선생님이 모든 걸 기록해 주지는 못합니다

한 명의 교사가 수십 명 학생의 활동을 모두 파악하고 기록하는 데에는 한계가 있습니다. 그래서 학생과 부모가 활동을 기록하고 정리하여 선생님께 전달하는 것이 중요합니다. 특히, 핵심 활동은 글의 구조까지 고려해 정리해 두면 반영될 가능성이 높아집니다.

학생부종합전형은 단순히 열심히 한 학생이 아니라, '기록이 잘 남은 학생'이 유리합니다. 학생부를 미리 이해하고, 전략적으로 접근한다면 '선택받는 학생부'를 만드는 것은 충분히 가능합니다.

6부

표현의 기술:

입시를 이기는 글쓰기 스킬

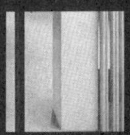

: 탐구보고서·발표·토론까지,
말하고 쓰는 힘이 곧 경쟁력이다

표현의 기술 ❶

탐구보고서 주제 잡는 법

    탐구보고서는 중·고등학생에게 이제 일상이 되었습니다. 학생부종합전형에서 자기주도학습 경험, 흥미와 관심사, 문제해결 방식 등을 보여 주는 핵심 자료이기 때문입니다. 교과와 비교과를 아우르는 학교생활 전반에서 작성되며, 특히 진로와 연결된 주제는 전공적합성이나 계열적합성을 드러내는 강력한 근거가 됩니다.

    학교생활기록부에는 학생이 다루었던 탐구 주제가 기록되고, 입학사정관은 이를 통해 학생의 성향·정체성·진로 방향을 파악합니다. 따라서 자신만의 질문과 주도적 탐구가 드러나는 주제를 선택하는 것이 매우 중요합니다.

이러한 탐구보고서의 주제는 어떻게 잡아야 할까요?

첫째, 나의 관심은 어디에 있는가?

학교에서 탐구보고서를 작성하게 되는 상황은 교과영역에서는 수행평가나 자유발표가 있습니다. 수행평가는 수업시간에 하는 시험 형태로 하는 것이지만 미리 준비해야 하는 상황도 있고, 보고서 형태로 작성하는 경우도 있습니다. 자유발표는 단원 핵심 개념을 실생활에 적용해 보는 작업을 학생 자율적으로 하게 됩니다. 특히 고교학점제 이후 사회탐구나 과학탐구 과목에서 탐구프로젝트형 수업이 늘어난 만큼 자신에게 적합한 탐구프로젝트 주제를 잡는 능력은 더욱 중요해졌습니다.

또한 비교과 활동인 자율활동, 진로활동, 동아리활동, 교내 대회 등에서도 탐구 프로젝트를 하게 됩니다. 자율활동과 진로활동 안에서 학문 탐구와 진로 탐구 프로젝트는 거의 모든 학교에서 이루어지고 있습니다. 때문에 학생은 교과와 연계해 자신의 관심사와 주도성, 문제해결력을 보여 줄 수 있는 주제를 잡을 수 있어야 합니다.

주제를 잡을 때 가장 먼저 해야 할 질문은 "나는 어떤 분야에 흥미를 느끼는가?"입니다. 학교 안에서는 학생들이 배우는 교과목 중에서 나의 진로에 꼭 필요한 과목, 중요한 과목 혹은 좋아하는 과목의 수업에서 깊이 있는 탐구 주제를 다루어 보고 이 내용이 과목 세특에 적히도록 노력해야 합니다.

✓ **탐구 주제 잡기 전 체크리스트**
  1. 교과서 내용 중 흥미로운 개념 찾기
  2. 관련 도서·논문(학술보고서) 조사
  3. 최신 뉴스·영화·강연 등 미디어 자료 탐색
  4. 학생 관점에서 다룰 수 있는 문제 정의

둘째, 나는 어떤 점이 궁금한가?

관심 분야에서 개념을 찾았다면, 학술논문·보고서를 조사해 기존 연구 사례를 파악합니다. 내가 궁금했던 내용과 같은 기존 탐구가 있을 수도 있기 때문입니다. 학술논문 사이트는 중학생 이상이라면 능숙하게 다루면 좋습니다. 단순히 정보만을 정리한 백과사전식 주제(예: 전기차란 무엇인가)나 너무 방대하거나 추상적인 것은 피해야 합니다. 또한 인터넷에서 흔히 검색되는 모범답안과 같은 내용을 그대로 따라서 써서도 안됩니다. 다루는 주제가 현실적으로 실현 불가능한 내용이면 안 됩니다.

좋은 탐구는 구체적이고 실행 가능한 주제에서 시작합니다. 입학사정관은 '어떤 내용'을 '왜', '어떻게' 다루었는지 평가하므로, 단순 정보 수집이 아닌 자기 질문과 탐구 과정이 드러나야 합니다. "나는 어떤 점이 궁금했는가?", "왜 이런 현상이 일어나는가?"

같은 질문을 스스로 던져야 합니다.

✓ **탐구 주제 선정 시 체크리스트**
  1. 단순 정보 정리에 그치지 않는가?
  2. 인터넷에서 흔히 검색되는 모범답안 같은 주제는 아닌가?
  3. 탐구 주제가 너무 방대하거나 추상적이지는 않은가?
  4. 현실적으로 조사·분석이 가능한가?
  5. 시간·자료 접근성·역량이 충분한가?
  6. 실험·설문·문헌조사 등 중 어떤 방식이 가능한가?

셋째, 충분히 구체적인가?

탐구보고서 작성 경험이 적은 학생들이 많이 하는 실수 중의 하나는 막연하고 추상적인 주제를 잡는 것입니다. 구체적이고 탐구 주제를 들었을 때 호기심과 궁금증이 발동해야 좋은 주제입니다. 예를 들어 '환경문제를 어떻게 해결해야 할까?'와 같은 추상적이고 방대한 주제보다 "일회용품 사용이 학교 급식소에서 얼마나 이뤄지는가?", '인공지능 시대의 장점'이라는 주제보다 "ChatGPT는 고등학생 글쓰기 능력 향상에 도움을 줄 수 있을까?" 등과 같이 구체적이고 실용적이어야 합니다.

• 환경문제 해결 방안 → 학교 급식소에서 일회용품 사용 빈도

조사
- 인공지능 시대의 장점 → ChatGPT가 고등학생 글쓰기 능력에 미치는 영향

처음에는 막연한 주제라도, 자료 조사 과정을 거쳐 구체적 탐구 질문으로 발전시켜야 합니다.

"○○현상은 왜 발생하는가?", "○○는 ○○에 어떤 영향을 미치는가?"처럼 현상·사례 + 요인·영향·해결방안의 구조로 만들면 좋습니다.

✓ 주제 최종 점검 체크리스트

1. 주제를 선택한 이유·계기가 명확한가?(자기주도성)
2. 실험·설문·통계·문헌조사가 가능한가?(탐구가능성)
3. 희망 전공 또는 과목과 연계되어 있는가?(전공/계열 연계성)
4. 개인·사회적으로 의미 있는가?(사회적 의미)

이렇게 관심사 → 문제의식 → 탐구 가능성 → 구체적 주제로 좁혀 가는 방식이, 입시에 강력하게 작용하는 탐구보고서 주제 선정의 핵심입니다.

계열별 탐구보고서 주제 목록 예시

인문계열

- 고전소설 속 여성 인물의 재해석: '춘향전'과 '심청전'을 중심으로(문학)
- 공리주의와 의무론의 관점에서 AI 윤리 문제 분석(철학)
- 조선 후기 상공업 발달이 신분제 해체에 미친 영향(역사)
- 번역 방식에 따른 시의 의미 변화 : 윤동주 시를 중심으로(언어)

사회과학계열

- 청소년의 모의선거 참여가 정치 인식에 미치는 영향(정치)
- 고등학생의 소비패턴 분석을 통한 가격 민감도 비교 연구(경제)
- 학급 내 리더 유형이 구성원 만족도에 미치는 영향(심리)
- 지역 간 교육 격차와 사교육비의 상관관계 분석(사회학)

자연과학계열

- 카페인이 식물 생장에 미치는 영향 실험(생명과학)
- 세정제의 종류에 따른 세균 제거 효과 비교(화학)
- 스마트폰 충전기 길이에 따른 전압 감소 실험(물리)
- 기상청 일기예보와 실제 날씨의 오차 분석 지역별 비교(지구과학)

수학

- 점심 급식 만족도와 학업 스트레스의 상관관계 분석(확률과 통계)
- 다각형의 넓이와 중심대칭의 관계 탐구(기하)
- 바이러스 확산 모델링을 통한 지수함수 이해(함수)
- 야구 경기에서의 확률 모델 적용: 득점 예측 중심으로(융합)

예체능 계열
색채 심리가 광고 디자인에 미치는 영향 분석(미술)
특정 음악 장르가 집중력에 미치는 영향 실험(음악)
운동 전 스트레칭의 유무가 순발력 향상에 미치는 영향(체육)
뮤지컬 공연 관람이 청소년 정서에 미치는 영향(융합)
융합 계열 (STEAM / 통합형)
마스크 착용률이 감염병 확산에 미친 영향 분석(과학+사회)
소설 속 주인공의 의사결정 과정을 심리학으로 분석하기(문학+심리)
온라인 플랫폼 알고리즘과 소비자 클릭률의 관계 분석(수학+정보)
지역 쓰레기 분리배출 정책 변화와 실제 분리배출률 변화 비교(환경+정책)

표현의 기술 ❷

탐구보고서 작성법

탐구 주제를 선정했다면 이제는 이를 구조적으로 글로 풀어내야 합니다. 학교마다 보고서 양식을 정해 주는 경우도 있고, 학생이 자율적으로 형식을 정하는 경우도 있습니다. 주어진 틀이 있다면 반드시 그 형식을 지키는 것이 기본입니다. 형식이 자유롭다면 아래와 같은 5단계 작성법으로 작성할 수 있습니다.

1단계 : 탐구 동기 및 목적
- 왜 이 주제를 선택했는지 개인적 또는 사회적 배경을 설명합니다.
- 탐구를 통해 무엇을 알고 싶고, 어떤 문제를 해결하고 싶은지

명확히 밝힙니다.
- 기존에 다룬 유사 사례를 간단히 소개하고, 자신의 탐구가 기존 연구와 어떻게 다른지를 제시하면 좋습니다.

2단계 : 탐구 방법 설계
- 주제를 탐구하기 위해 사용할 조사 방법과 과정을 구체적으로 기술합니다.
  예: 학술지·관련 도서 조사, 설문, 실험, 인터뷰 등
- 조사 대상, 도구, 절차, 범위, 기간 등을 명확하게 설정합니다.
- 방법을 정하는 과정에서 추상적인 아이디어가 구체적인 계획으로 다듬어집니다.

3단계 : 자료 수집 및 분석
- 3단계는 조사한 자료와 수집한 데이터를 표나 그래프, 동영상, 이미지 등으로 시각화하거나 텍스트를 작성하는 과정입니다.
- 자신이 탐구하고자 했던 내용과 부합한 자료와 데이터를 최대한 알기 쉽게 작성해야 합니다.
- 패턴, 경향성, 예외사항 등을 분석하고 해석합니다. 사례나 데이터 비교·대조·인용을 통해 주장을 뒷받침합니다.
- 단순 나열이 아니라 "왜 이런 결과가 나왔는가?"를 설명하는 해석과 의미 부여가 핵심입니다.

4단계 : 결론 및 제언

- 탐구 결과로 알게 된 사실을 간결하게 요약합니다.
- 처음 설정한 목표를 달성했는지 여부를 평가합니다.
- 한계점과 아쉬운 점, 추가로 탐구하고 싶은 점을 적습니다.
- 결과가 실생활에 어떻게 적용될 수 있는지, 사회적 시사점은 무엇인지 제시하면 보고서의 완성도가 높아집니다.

5단계 : 참고자료 명시

- 탐구보고서를 작성하기 위해 참고한 책, 논문, 웹사이트 등을 정확하게 출처를 밝힙니다.
- 예시: [저자], 『제목』, 출판사, 발행연도 / [사이트명], URL (접속일)

탐구보고서를 작성한 후 자신의 글을 읽어 보면서 스스로 평가해 봐야 합니다.

✓ **자기 점검 체크리스트**

1. 주제가 적절하고 교과와 밀접하게 연계되어 있는가?
2. 탐구 과정이 논리적이며 구체적인 방법을 사용했는가?
3. 자료 수집과 분석이 객관적이고 입체적인가?
4. 결론이 타당하면서도 창의적인가?

5. 보고서 구성이 논리적 흐름을 따르고 형식이 정돈되었는가?

이렇게 작성하면 형식은 깔끔하고 내용은 설득력 있는 탐구보고서를 만들 수 있습니다.

고등학교 탐구보고서 기본 양식

항목	내용 작성 가이드
이름 / 학번 / 제출일	OOO / OOO / OOOO.OO.OO
과목명 / 담당교사	예: 통합사회 / OOO 선생님
보고서 제목	구체적이고 탐구 내용을 잘 드러내는 제목
탐구보고서 작성 순서	
탐구 동기 및 목적	주제를 선택한 이유, 문제의식, 기대 효과
탐구 문제 및 가설	탐구하고자 하는 핵심 질문, 예측 가능한 가설
탐구 방법	문헌조사, 설문조사, 실험 등 구체적 설명
자료 수집 및 분석	수집한 자료(표, 그래프 등)와 분석 내용
탐구 결과 및 해석	어떤 결과가 나왔으며 그 의미는 무엇인가?
결론 및 제언	종합 요약, 시사점, 한계점, 향후 탐구 방향
참고문헌 및 출처	책/논문/웹사이트 등 인용 출처 정확히 기재

표현의 기술 ③

발표, 말하기로 설득하는 힘

탐구보고서 작성과 함께 중고등학교에서 가장 많이 하는 것이 프레젠테이션, 즉 발표입니다. 자신이 직접 탐구하고 작성한 내용이지만 발표를 잘하는 것은 쉬운 일이 아닙니다. 발표는 단순한 전달을 넘어 청중에게 명확하고 인상 깊게 메시지를 전달하는 능력이기 때문입니다. 효과적인 프레젠테이션을 하려면 무엇이 필요할까요?

1. 준비 단계 — 목적과 청중 분석

발표를 준비할 때 가장 먼저 해야 할 일은 목적을 분명히 하는 것입니다. 정보 전달이 목표인지, 설득이나 동기부여가 목표인지에 따라 발표 구성과 어조가 달라집니다. 또한 청중 분석도 중요합니다. 연령, 관심사, 배경지식 수준에 따라 사용하는 언어와 자료 형태를 조정해야 합니다.

2. 발표 구성 ― 논리와 시각 자료

발표는 기본적으로 서론 – 본론 – 결론의 논리 구조를 따라야 합니다. 서론에서는 '왜 이 주제를 선택했는지'와 같이 청중의 호기심을 끌 수 있는 내용을 배치합니다. 본론에서는 핵심 정보를 표·그래프·이미지 등 시각 자료와 함께 전달합니다. 결론에서는 느낀 점, 배운 점, 앞으로의 계획 등으로 마무리합니다.

시간 제약이 있는 경우가 많으니, 핵심 키워드 3~5개를 중심으로 내용을 압축하는 것이 좋습니다. PPT 슬라이드는 단어와 이미지를 중심으로 간결하게 만들고, 글꼴·색상은 통일감 있게 사용하면 집중도를 높입니다.

3. 발표 기술 ― 말하기와 비언어적 표현

발표를 할 때 말이 너무 빠르거나 느려도 전달력이 떨어집니다. 발표 시 말은 평소보다 조금 느리게(약 1.2배) 하고, 중요한 부분에서는 잠시 멈춤을 활용하면 효과적입니다. 간투사(음…, 그니까…, 저기…)는 줄이고, 슬라이드를 그대로 읽지 말고 자신의 언어로 설명하세요.

시선은 청중 전체를 골고루 바라보며, 단정한 자세와 적절한 제스처로 자신감을 표현합니다. 손을 주머니에 넣거나 몸을 과도하게 흔드는 습관은 피해야 합니다.

4. 청중과의 상호작용

발표 중간에 질문을 던지거나, 청중의 반응을 살피며 진행하면 몰입도가 높아집니다. 청중의 표정이나 자세를 보며 피드백을 즉시 반영하고, 예상치 못한 질문이 나왔을 때나 내용의 오류에 대한 지적 등이 나왔을 때를 가정해 이에 대처하는 연습도 해야 합니다.

예상치 못한 질문이 나오면 "거기까지는 준비하지 못했습니다. 더 알아보겠습니다"라고 하거나 내용에 대한 오류를 지적받았을 때는 인정하고 "알려주셔서 감사합니다" 라고 솔직하게 인정하는 모습이 오히려 긍정적인 인상을 남깁니다.

5. 실전 연습과 피드백

발표를 편하게 여기고 잘하는 학생은 거의 없습니다. 발표는 실전이 중요합니다. 실제 발표 경험이 많을수록 자연스러운 프레젠테이션이 가능하죠. 가능하면 초등학교 중학교 시절부터 발표 기회를 많이 가질 것을 권해 드립니다. 자신의 발표 모습을 촬영해 말투, 속도, 자세를 체크하고, 가족·친구의 피드백을 받는 것도 좋습니다.

6. 발표 후 평가

발표가 끝난 뒤 스스로 잘된 점과 개선할 점을 점검해 보세요. 다음 발표 때는 훨씬 향상된 모습을 발견할 수 있을 것입니다. 그리고 다른 학생의 발표도 경청하는 태도는 좋은 이미지를 남기는 중요한 요소입니다.

프레젠테이션 시 하지 말아야 할 행동

1	자신없이 나약하게 말하지 않기
2	단조롭게 원고를 읽는 식으로 말하지 않기
3	등을 굽히고 눈을 내리깐 채 말하지 않기
4	발을 계속 떨지 않기
5	손을 목뒤에 올려 놓고 규칙적으로 상하로 움직이는 행동 하지 않기
6	호명 받았을 때 주저하면서 일어나거나 우물쭈물 하지 않기
7	청중과 눈맞춤 자주 하기
8	연단을 붙들고 늘어지는 태도 취하지 않기
9	조급하게 시작해 빨리 끝내고 돌아가고 싶은 것 같은 인상 주지 않기
10	청중을 천천히 둘러보고 심호흡한 후 청중에게 인사하기
11	빨리 말해서 청중 흥분시키지 않기
12	청중과 눈을 마주쳤을 때 시선 피하지 않기
13	얘기하면서 머리카락 만지지 않기

14	청중을 무시하는 어투 사용하지 않기	
15	시각자료에 오타 만들지 않기	
16	예정된 시간에 프레젠테이션 끝내기	
17	질문에 답할 때 너무 성급하게 답하거나 방어적인 태도 취하지 않기	
18	프레젠테이션 하기 전에 꼭 리허설 해 보기	
19	사실과 의견을 균형 있게 말하기	
20	테이블이나 연단에 기대서 얘기하지 않기	
21	팔짱을 끼고 얘기하지 않기	
22	말 사이사이에 "에…", "아…" 많이 사용하지 않기	

표현의 기술 ❹

토론과
토론 후 글쓰기

   학교 수업·수행평가에서 자주 등장하는 토론 수업은 비판적 사고력, 의사소통 능력, 공감 능력을 길러 주는 중요한 활동입니다. 특히 요즘은 토론 → 글쓰기(찬반 논술, 소감문)으로 연계되는 수업이 많기 때문에 토론하는 법과 토론 후 글쓰기까지 이어지는 과정을 숙지하고 훈련해야 합니다.

   토론은 찬성과 반대라는 명확한 입장을 나누고, 규칙에 따라 주장을 펼쳐 승패를 가리는 대립적 의사소통입니다. 핵심은 '누가 더 타당한 논리를 제시하는가'입니다. 예를 들어 "학교에서 휴대전화 사용을 허용해야 할까?"라는 안건이 주어졌다면, 찬성팀과 반대팀, 사회자, 기록자 등 역할을 나누고 주제 제시 → 근거

자료 수집 → 주장 → 반론 → 재반론 → 청중 질의응답 → 최종 정리 순으로 진행합니다. 평가 요소에는 논리적 타당성, 반박의 적절성, 표현력 등이 포함됩니다.

반면, 토의는 문제 해결과 합의 도출이 목적입니다. 찬반으로 나누지 않고 자유롭게 의견을 제시하며, 협력적인 대화를 통해 결론에 도달합니다. 예를 들어 "학급 체육대회 종목 정하기"라는 주제라면, 여러 의견을 나누고 장단점을 비교해 실행안을 정리하는 과정을 거칩니다. 토의에서는 협업 태도, 경청, 의견 조율 능력이 중요한 평가 요소입니다.

국어 교과를 비롯한 다양한 과목에서 토론·토의 수업이 진행되며, 교내 대회나 동아리활동, 창의적 체험활동 등에서도 자주 활용됩니다. 특히 국어 수행평가에서는 토론과 토의의 차이, 절차, 표현 방식 등을 익히는 것이 필수입니다. 학생들이 이 방법을 미리 익혀 두면, 다른 교과목이나 프로젝트 활동에서도 자연스럽게 활용할 수 있습니다.

■ **토론·토의 준비법**

✓ **형식 구분**
- 찬반 논의형(토론)인지, 문제 해결형(토의)인지 먼저 파악합니다.

- 토론이라면 내 입장을 명확히 하고, 주장을 뒷받침할 근거를 수집합니다.
- 상대의 반론에 대비해 반대 입장의 논거도 미리 숙지합니다.

✓ **자료 조사**
- 신뢰할 수 있는 자료(백과사전, 공공기관 보고서, 교과 연계 사이트 등)를 활용합니다.
- 핵심 근거는 간결하게 메모하고, 토론·토의 기록지에 정리합니다.

✓ **연습과 시뮬레이션**
- 주장과 반론, 재반론을 짧고 명확하게 연습합니다.
- 예상 질문과 답변을 미리 준비하면 발표 시 긴장 완화에 도움이 됩니다.

토론과 토의는 단순히 말 잘하는 능력을 넘어, 생각을 구조화하고 다른 사람과 협력하며 문제를 해결하는 힘을 길러 줍니다. 이 과정에서 학생들은 자신만의 언어로 주장을 표현하는 법을 배우고, 비판적으로 사고하는 습관을 기르게 됩니다. 결국 이는 입시에서의 논술, 면접뿐 아니라 성인이 된 후 사회생활에서도 강력한 무기가 됩니다.

수행평가 토론 활동지 예시

항목	내용
토론 주제	체육복을 교복 대용으로 허용해야 할까?
내 입장	☐ 찬성 / ☐ 반대
근거1	
근거2	
반박 예상	
나의 반박	

수행평가 토의 활동지 예시

항목	내용
토의 주제	우리 반 환경 캠페인 아이디어 정하기
내가 제안한 방안	
친구들의 의견 요약	
최종 합의된 방안	

수행평가·토론논술 대회 대비에 최적화된 6단 논법

 토론한 내용을 그대로 글로 쓰면 논술문이 됩니다. 논술문 작성하기는 단순한 글쓰기를 넘어 자신의 주장과 논리를 명확히 정리하고 설득력 있게 표현하는 과정입니다. 논술문은 3단 구조, 5단 구조 등 내용이나 글의 성격에 따라 다양한 구조로 작성할 수 있습니다. 토론 전과 토론 후에 활용할 수 있는 효과적인 방법인 6단 논법을 살펴봅시다.

 6단 논법은 논리적 글쓰기나 토론에서 자신의 주장을 체계적으로 펼칠 수 있도록 도와 주는 표준화된 논증 구조입니다. 6단 논법이 토론과 글쓰기 훈련에서 많이 쓰이는 이유는 명료성 때문입니다. 자신의 주장(결론)을 두괄식으로 먼저 얘기함으로써 집중도를 높입니다. 또한 반론과 반박이 포함되어 있어 논증할 수 있습니다. 반대 의견까지 포함해 반론까지 하나의 구조를 이루고 있기 때문에 토론을 하기 전 토론지 작성부터 토론 후 글쓰기까지 정리할 수 있는 효율적인 방법입니다.
 6단 논법의 구조는 다음과 같습니다.

■ **6단 논법의 구조**
 1. 문제 제기 - 논의할 안건이나 문제 상황 제시

2. 나의 주장 - 결론을 명확하게 제시

3. 이유 - 주장을 뒷받침하는 핵심 이유 제시

4. 근거 - 통계, 연구결과, 사례, 비교, 인용 등 구체적 자료 제시

5. 반론 제시 및 반박 - 반대 의견을 소개하고 이를 논리적으로 반박

6. 정리(재강조) - 주장을 다시 강조하며 글 마무리

예) 주제: 청소년의 스마트폰 사용은 제한해야 하는가?

1단계. 문제 제기

요즘 청소년들 사이에서 스마트폰 사용이 일상화되고 있으며, 하루에도 몇 시간씩 스마트폰을 사용하는 경우가 많아지고 있다. 이러한 현상이 과연 청소년의 삶에 긍정적인 영향을 주는지에 대한 논의가 필요하다.

2단계. 주장

나는 청소년의 스마트폰 사용을 일정 부분 제한해야 한다고 생각한다.

3단계. 이유

그 이유는 스마트폰의 과도한 사용이 청소년의 집중력을 떨어뜨리고, 신체적·정서적 건강에 부정적인 영향을 미치기 때문이다.

4단계. 근거

실제로 정보통신정책연구원의 2023년 자료에 따르면, 중·고등학생의 하루 평균 스마트폰 사용 시간은 4.3시간이며, 이 중 60% 이상이 게임이나 SNS에 사용된다. 또한 스마트폰 중독이 심한 학생일수록 학업 성취도가 낮고, 수면 시간이 부족하다는 연구 결과도 있다.

5단계. 반론 제시 및 반박

일부에서는 스마트폰이 다양한 정보를 얻을 수 있는 학습 도구라고 주장한다. 하지만 청소년들은 학습보다는 오락 중심의 사용 비율이 훨씬 높으며, 스스로 사용을 통제하는 데 아직 어려움을 느낀다. 따라서 오히려 일정한 시간 제한이나 부모의 지도 아래 사용하는 것이 바람직하다.

6단계. 재강조 및 결론

이처럼 청소년의 스마트폰 사용은 단순한 개인의 자유가 아니라, 건강하고 균형 잡힌 삶을 위해 조절되어야 할 문제다. 따라서 나는 청소년의 스마트폰 사용에 대한 일정한 제한이 반드시 필요하다고 생각한다.

중고등학생에게 적합한 논술·토론 주제 30선

다음은 6단 논법을 활용해 볼 수 있는 연습용 주제입니다. 찬반 토론 수업이나 발표, 수행평가 글쓰기 주제, 독서활동 연계 토론이나 토의 연습, 자기주도학습전형 면접 대비 질문용으로도 응용 가능합니다.

✓ 중학생용 논제 15선(난이도: 기본 개념 중심, 일상과 사회 이슈 연결)

분야	논제
생활	1. 청소년의 스마트폰 사용, 제한해야 할까? 2. 학교에 간식 자판기를 설치하는 것은 바람직한가? 3. 청소년의 용돈은 정해진 범위 내에서 사용하게 해야 할까?
학교제도	4. 교복은 자율화되어야 할까? 5. 수행평가 중심 평가 방식은 효과적인가? 6. 학교에서 휴대폰 사용을 허용해야 할까?
윤리/인권	7. 동물원은 필요한 시설인가? 8. 청소년에게도 정치 참여권(투표권)을 줘야 할까? 9. 외모 평가 문화는 사라져야 하는가?
환경	10. 일회용품 사용을 전면 금지해야 할까? 11. 학교에서 텀블러 사용을 의무화해야 할까?
과학/기술	12. 인공지능 기술이 교사를 대체할 수 있을까? 13. 로봇이 인간의 일을 대신하는 것은 옳은가?
사회문화	14. SNS는 청소년에게 도움이 되는가? 15. 유명 유튜버는 직업으로 인정받을 수 있을까?

✓ 고등학생용 논제 15선(난이도: 추상적 개념, 가치 판단, 시사 이슈 포함)

분야	논제
윤리/사회	1. 표현의 자유는 어디까지 허용되어야 하는가? 2. 사형제도는 폐지되어야 하는가? 3. 가짜뉴스 확산, 법적 처벌이 필요할까?
학교제도	4. 고교학점제는 공교육의 질을 높일 수 있을까? 5. 내신과 수능 중 어느 평가가 더 공정한가? 6. 학생 자치회에 실질적 권한을 부여해야 할까?
경제/노동	7. 최저임금 인상은 청소년 아르바이트에 도움이 되는가? 8. 청년 기본소득은 실현 가능한 정책인가? 9. 소비자는 가격보다 윤리를 먼저 고려해야 하는가?
과학/기술	10. 유전자 편집 기술은 허용되어야 하는가? 11. 메타버스는 교육의 미래가 될 수 있는가? 12. 자율주행차 도입, 누구의 책임인가?
환경/지속가능성	13. 탄소중립을 위한 개인의 희생은 정당한가? 14. 대중교통 의무화 정책은 현실적인가? 15. 기후 위기 해결을 위한 청소년의 역할은 무엇인가?

부록

초중고 12년 입시 로드맵

초등학교 6년
―공부 DNA를 만드는 시간

"진로의 가능성을 열고
역량을 키워라"

필요할 때 공부할 수 있는 힘, '공부 정서'

초등학교 시기는 아이가 가장 바쁘게 지내는 시기입니다. 국영수 학원만 다니는 고등학생과 달리, 초등학생은 피아노, 미술, 태권도, 영어, 수학, 학습지, 토론, 심지어 한자까지 온갖 활동을 경험합니다. 학군지에서는 연산·도형·논술·토론을 따로따로 배우며 하루가 꽉 차는 경우도 흔하지요. 그런데 이 과정에서 중요한 질문 하나를 던져야 합니다. "이렇게 바쁘게 사는 것이 아이에게 공부 정서를 지켜 주는 걸까?"

1. 공부 DNA의 첫 단추 '공부 정서'

공부 DNA는 단순히 빨리 시작한다고 생기지 않습니다. 오히려 초등 시절에 쌓이는 '공부 정서'가 핵심입니다. 공부 정서란 필요를 느꼈을 때 공부할 수 있는 긍정적인 마음과 태도를 말합니다.

고등학교 때 성과를 내는 아이들은 대부분 초등 시절, 억지로가 아니라 즐겁게 배우는 경험을 해 본 아이들입니다. 음악이든 체육이든 스스로 즐기며 몰입해 본 경험이 있는 아이는 나중에 학업이 힘들어져도 '공부에도 몰입할 수 있다'는 내적 확신을 가집니다.

2. 배움의 즐거움이 사라질 때

아이들이 어느 순간 질문을 멈추는 시기가 찾아옵니다. 어릴 때는 "왜?", "어떻게?"를 수없이 묻던 아이들이 학원 스케줄과 과제에 치이면서 더 이상 궁금해하지 않게 되는 것이지요.

한번은 초등 6학년 아이가 논술 시간에 연필을 잡고 가만히 있던 적이 있었습니다. 이유를 묻자 "저는 글 못 써요. 엄마가 시켜서 억지로 하는 거예요"라고 대답했습니다. 그리고는 수업이 끝나자마자 또 다른 학원 차를 타고 달려갔습니다. 알고 보니 학원과 학습지만 14개를 하고 있더군요. 늘 지쳐 있고 반항적인 태도가 당연해 보일 정도였습니다. 이 아이에게 공부는 이미 지긋지긋한 일이 되어 버린 겁니다.

3. 버릴 건 버리고, 좋아하는 걸 지켜 주기

아이를 끝까지 공부하게 만드는 힘은 '억지로 한 경험'이 아니라, 좋아하는 일을 몰입해 본 경험입니다. 싫어하는 건 과감히 끊고, 좋아하는 건 충분히 해 보게 해야 합니다.

예를 들어 음악을 좋아하지 않는데 억지로 피아노를 오래 시키는 것보다, 그림이나 운동 등 아이가 즐겁게 할 수 있는 영역을 찾아 몰입시켜 주는 것이 훨씬 낫습니다. 그래야 "나는 무언가를 좋아하고, 끝까지 해낼 수 있다"는 성공 경험이 쌓입니다. 이 경험이 중·고등학교에 가서도 공부에 버틸 수 있는 힘, 즉 공부 DNA가 됩니다.

초등학교 6년은 진로를 빨리 정하거나 성적을 미리 올려야 하는 시간이 아닙니다. 오히려 '배우는 게 즐겁다'는 감각을 잃지 않고, 스스로 몰입하는 경험을 쌓는 시기입니다. 공부 정서가 지켜진 아이는 중·고등학교에서 진짜 필요한 순간, 공부에 힘을 낼 수 있습니다.

경쟁 무대에
너무 일찍 올리지 않기

초등학교는 성적이 학교생활기록부에 기록되지 않습니다. 이는 단순한 제도적 사실이 아니라, 초등 시기에는 점수 경쟁보다 '배움의 기초'를 다지는 데 집중하라는 교육 철학을 담고 있습니다. 그런데 현실은 어떤가요? 진도를 얼마나 나갔는지, 누가 더 빨리 선행했는지로 아이들을 재단하는 분위기가 팽배합니다. 아이들끼리조차 "너 어디까지 나갔어?"를 묻고, 그 답이 스트레스가 되곤 합니다.

초등의 목표는 '함께 배우고 자라기'

교육과정은 분명히 말합니다. 초등학교의 목표는 스스로 배우고, 함께 성장하며, 더불어 살아가는 기초를 만드는 것입니다.

학습 면에서 보자면, 초등 시기는 글을 읽고 쓰며 자신의 생각을 말로 표현하는 힘, 기초적인 수리 능력, 그리고 정보를 이해하고 활용하는 태도를 키우는 데 초점을 둡니다. 이것은 단순히 문제를 빨리 푸는 속도가 아니라, 다양한 각도에서 생각하고, 생활 속에서 적용하며 배우는 즐거움을 느끼는 과정입니다.

지나친 선행은 아이들을 일찍 경쟁의 무대에 세웁니다. 남보다 앞섰다는 만족은 잠깐이지만, 그 과정에서 '즐기는 공부 정서'를 잃는 경우가 많습니다.

실제 사례를 하나 보겠습니다. 초등학교 시절, 영재교육원과 선행으로 이미 고등 수학 전 범위를 마친 아이가 있었습니다. 반면 같은 반 친구는 고1 과정 초반 정도만 준비했습니다. 고등학교 1학년 성적은 선행을 많이 한 아이가 1등급, 다른 아이는 2등급이었죠. 하지만 2학년에 올라가면서 상황은 역전되었습니다. 꾸준히 공부 정서를 지켜 온 아이가 1등급을 유지한 반면, 지나치게 앞서갔던 아이는 점점 집중력을 잃고 무기력해졌습니다. 선행으로는 메꿀 수 없는 '지속할 힘'이 부족했던 겁니다.

초등 시기는 경쟁에서 앞서기 위한 무대가 아닙니다. 오히려 공부의 기초 정서와 태도를 만드는 때입니다. 점수와 속도를 좇다 보면 고등학교에서 오히려 지쳐 무너질 수 있습니다. 부모가 해야 할 일은, 아이가 배우는 과정을 즐기고 자기 속도를 지킬 수 있도록 기다려 주는 것입니다.

초등 때 놓치면
돌이킬 수 없는 독서력 + 표현력

아이를 키우다 보면 부모를 깜짝 놀라게 하는 순간이 있습니다. "혹시 우리 아이 영재 아닐까?" 하고 기대하게 되지만, 사실 초등학교 시절에는 객관적으로 실력을 검증하기 어렵습니다. 중학교에 가서야 자신을 비교적 냉정하게 바라보게 되고, 고등학교에서는 확실히 성적의 객관적 위치가 드러납니다. 부모들이 자주 하는 말이 있습니다.

"중학교 때는 잘했는데, 고등학교 가더니 왜 이래?"

이 차이가 생기는 가장 큰 이유가 바로 독서력입니다. 이른바 '공부 DNA'의 핵심은 타고나는 재능이 아니라, 초등 시절에 쌓인 독서와 표현 경험입니다.

독서력이 성적을 가르는 이유

　독서력이 좋은 아이는 단순히 책을 많이 읽는 아이가 아닙니다. 글을 빠르고 정확하게 읽고, 이해한 내용을 자기 언어로 표현할 수 있는 아이입니다.

　중고등학교 시험은 시간과의 싸움입니다. 45~50분 안에 엄청난 양의 지문을 읽고 문제를 풀어야 하죠. "아는 건데 시간이 부족했어"라는 말은 결국 독서력이 부족하다는 신호입니다. 시험은 정해진 시간 안에서 지문을 읽고 핵심을 뽑아내는 능력을 평가합니다.

　학원에서 스킬과 요령을 배울 수는 있지만, 고난도 문제에서는 결국 깊이 있는 독해력과 사고력이 승부를 가릅니다. 서술형·논술형 문항, 수행평가, 탐구보고서, 발표 활동, 대학 입시의 논술·구술까지 — 독서력과 표현력은 입시 전 과정에서 아이를 받쳐주는 기본기입니다.

　제가 인터뷰했던 한 학생이 기억에 남습니다. 고등학교 내내 공부에 흥미를 잃고 전교 꼴찌까지 갔던 아이였지만, 결국 재수 끝에 연세대 경제학과에 합격했습니다. 놀라운 점은, 국어 공부를 거의 하지 않았는데도 수능 국어에서 한두 문제밖에 틀리지 않았다는 겁니다.

　비결을 물었더니 돌아온 대답은 단순했습니다.

"그냥 읽으면 답이 보였어요. 3년 동안 공부는 안 하고 책만 읽었거든요."

알고 보니 그는 고교 3년 내내 도서관 대출 1위를 기록했던 학생이었습니다. 부모님의 이혼으로 방황했지만, 그 시간에 읽었던 책들이 훗날 국어 성적을 지탱해 준 것입니다. 언어의 기본기는 하루아침에 만들어지지 않습니다. 책과 보낸 시간만이 아이의 공부 DNA가 됩니다.

생활 속에서 독서력·표현력 기르는 작은 습관

1. 책 고르는 자유 주기
- 아이가 스스로 고른 책 70%, 부모가 권하는 책 30%의 비율을 권장해요.
- 억지로만 주어진 책은 흥미를 잃게 하고, 전적으로 자유만 주면 편식 독서가 될 수 있어요.

2. 짧고 자주, 꾸준히
- 긴 독서 시간이 어렵다면, 매일 짧게라도 읽는 습관을 만드는 것이 중요합니다.
- "잠자기 전 10분 독서" 같은 작은 루틴이 큰 힘을 발휘합니다.

3. 읽고 말하기 → 쓰기까지 확장
- "이 책에서 제일 인상 깊었던 장면은 뭐야?"처럼 질문해 보세요.

- 대화를 나눈 뒤, 한 줄 기록이나 짧은 일기로 연결하면 자연스럽게 표현력이 쌓입니다.

4. 독서와 생활 연결하기

- 요리책을 읽고 실제 요리를 해 본다거나, 과학책을 읽고 작은 실험으로 이어 주는 것도 좋아요.
- 독서가 단순한 정보 습득이 아니라 삶을 넓히는 경험이 됩니다.

5. 부모의 모델링

- 부모가 스마트폰만 보는 집에서는 독서가 습관이 되기 어렵습니다.
- 아이와 같은 공간에서, 같은 시간에 함께 책을 읽는 것만으로도 효과가 큽니다.

초등 시기는 '독서력 + 표현력'이라는 공부 DNA를 만드는 골든타임입니다. 독해력은 국어 과목을 넘어서 모든 교과의 기초가 됩니다. 읽기와 쓰기, 말하기의 경험이 쌓여야만 고등학교 내신·수능·논술·구술까지 흔들리지 않는 힘을 줍니다.

부모가 아닌
아이의 눈으로 진로 보기

아이의 진로 이야기를 꺼내면 많은 부모님들이 걱정을 먼저 하십니다. "앞으로 무슨 직업이 뜰까?", "안정적인 길은 뭘까?", "대학 전공은 어떻게 정해야 하지?" 하는 질문들 말입니다. 그런데 정작 중요한 것은 부모의 눈이 아니라, 아이의 눈으로 세상을 바라보는 경험입니다.

초등 시기는 성적이나 입시와는 거리가 멀지만, 아이가 무엇에 흥미를 느끼고 어떤 순간에 몰입하는지를 가장 잘 알 수 있는 시기이기도 합니다. 특히 고교학점제 시대에는 아이가 어떤 과목을 선택하고, 어떤 활동을 이어 가느냐가 대학 입시와 직결됩니다. 그렇기 때문에 초등 시기부터 아이의 적성과 흥미의 '뿌리'를 발견하는 것이 무엇보다 중요합니다.

아이의 눈으로 세상을 보라

1. '하고 싶은 것'보다 '할 때 즐거운 것'을 찾기

많은 부모가 아이에게 "너 커서 뭐 되고 싶어?"라고 묻습니다. 하지만 아이들은 크리에이터, 틱톡커 등 한때 유행하는 직업을 말하기도 하고, 의사, 과학자, 선생님처럼 사회가 정해 놓은 답을 내놓습니다. 이 질문은 아이에게는 너무 멀리 있는 이야기입니다. 대신 이렇게 물어보면 어떨까요?

"오늘 하루 중에 제일 재미있었던 건 뭐였어?"

"그걸 할 때 어떤 기분이 들었어?"

예를 들어 레고를 조립하며 몇 시간이고 집중하는 아이라면 창의적 문제 해결이나 설계 능력이 강점일 수 있습니다. 강아지와 노는 걸 좋아하고 그 이야기를 즐겁게 풀어낸다면, 생명과 돌봄에 대한 감수성이 뛰어난 아이라고 볼 수 있습니다. 이처럼 아이가 무엇을 할 때 빛나는지를 관찰하는 것이 첫걸음입니다.

2. '좋아하는 것'과 '잘하는 것'을 연결해 주기

아이의 흥미는 곧잘 바뀝니다. 오늘은 공룡 박사가 되겠다고 했다가 내일은 유튜버가 되고 싶다고 할 수 있습니다. 부모의 역

할은 이 흥미를 단순히 애들 장난으로 넘기지 않고, 경험의 끈으로 이어 주는 것입니다.

예를 들어 '공룡'을 좋아한다면 단순히 장난감만 사주기보다, 공룡 관련 도감을 읽고 그림을 그리며, 나아가 "화석은 어떻게 발견할까?" 하는 질문으로 발전시켜 줄 수 있습니다. 이렇게 하면 공룡은 단순한 '좋아하는 것'을 넘어 과학적 탐구심으로 연결됩니다. 아이가 유튜버가 되고 싶다고 말한다면, 영상을 찍는 과정을 함께 해 보며 표현력·기획력을 경험하는 기회로 바꿀 수 있습니다.

3. 체험의 힘: 교실 밖에서 만나는 진로

진로는 책상 앞에서 정해지지 않습니다. 초등 시기일수록 몸으로 경험하는 것이 중요합니다.

- 박물관과 과학관: 전시물을 보고 "와, 멋지다!"라는 감탄이 나오는 순간이 바로 진로의 씨앗입니다.
- 진로 체험 프로그램: 동물원 해설사, 작은 실험실 견학, 방송국 체험 같은 경험은 아이의 상상력을 현실과 연결해 줍니다.
- 일상 속 작은 경험: 장 보러 간 마트에서 계산 과정을 보고 수학과 연결하거나, 요리를 하며 화학과 연결하는 것도 좋은 예입니다.

진로 체험은 단순히 직업을 '체험'하는 것이 아니라, 세상을 다양한 시각으로 바라보는 연습입니다.

4. 부모가 던져 줄 수 있는 좋은 질문들

아이의 진로를 돕는 데 가장 큰 도구는 질문입니다. 다만 정답을 유도하는 질문이 아니라, 아이가 자기 생각을 펼칠 수 있는 질문이어야 합니다.

"이 일을 하면 뭐가 재미있을까?"
"네가 더 알아보고 싶은 건 뭐야?"
"다시 한다면 어떻게 하면 더 잘할 수 있을까?"

이런 질문은 아이를 스스로 성찰하게 하고, 부모는 그 답 속에서 아이의 방향을 읽어 낼 수 있습니다.

5. '점이 아니라 선으로' 보는 진로

부모는 자꾸 아이의 진로를 '최종 목적지'처럼 생각합니다. 하지만 초등 시기에는 점 하나만 찍으면 됩니다. 그리고 그 점들이 이어져 선이 되고, 나중에 진로의 그림을 그려 줍니다.

예를 들어 초등 3학년 때 과학 실험을 좋아했던 아이가, 중학교 때 환경 문제에 관심을 가지고, 고등학교 때 생명과학 심화 과목을 선택한다면, 이미 한 줄기의 길이 자연스럽게 이어진 것입니다. 부모가 해야 할 일은 아이가 찍는 점들이 끊기지 않고 이어지도록 지켜봐 주는 것입니다.

진로를 정한다는 건 사실 '꿈의 크기'를 정하는 일이 아니라, 아이가 세상을 탐색하고 자기만의 관점을 찾아가는 과정입니다. 부모가 성급하게 방향을 정해 주는 순간, 아이는 자기 눈이 아니라 부모의 눈으로 세상을 보게 됩니다.

'우리 아이가 무엇을 좋아하는지, 어떤 순간에 몰입하는지', 이것을 함께 발견하는 것, 그 자체가 초등 시기 진로 교육의 출발점입니다. 부모가 아이의 눈높이로 세상을 본다면, 아이는 더 넓고 깊게 자기 길을 찾아갈 수 있을 것입니다.

초등에서 적성의 뿌리를 찾고, 중등에서 구체화하고, 고등에서 본격화하라

고교학점제 시대에는 아이가 일찍부터 자기 적성과 진로의 뿌리를 찾아야 중·고등학교에서의 과목 선택과 학업 전략이 훨씬 명확해집니다. 이 점을 알고 아이의 적성을 살펴보려 해야 합니다.

초등: 진로의 씨앗 심기

초등 시기는 성적보다도 관심사와 몰입 경험을 살펴야 할 때입니다. 아이가 좋아하는 주제, 시간을 잊고 몰두하는 순간, 친구들과 어울릴 때 드러나는 강점이 모두 진로의 단서가 됩니다.

예를 들어 책 읽기를 좋아한다면 "단순히 독서를 좋아한다"에서 멈추지 말고, 무엇을 읽을 때 가장 반응이 좋은지를 살펴보세요. 역사책이라면 사회·인문 계열로, 과학책이라면 탐구 계열로 이어질 가능성이 높습니다.

이때 부모가 던져야 할 질문은 "너 커서 뭐 될래?"가 아니라, "이 활동이 왜 재미있었어?", "다시 한다면 더 해보고 싶은 건 뭐야?"와 같은 경험 중심 질문입니다.

중등: 적성의 줄기를 키우는 시기

중학교는 본격적으로 과목 선택과 탐구 활동이 시작되는 시기입니다. 초등 시절의 관심사가 단발성으로 끝나지 않고, 학업과 연결되도록 돕는 것이 부모의 역할입니다.

예컨대 초등학교 때 동물을 좋아하던 아이가 중학교에서 생명과학 과목에 흥미를 보인다면, 탐구보고서 작성이나 동아리활동으로 이어 주어야 합니다. 좋아하는 것을 구체적인 적성으로 발전시키는 과정이 바로 중등에서 일어납니다.

고등: 선택과 집중의 단계

고등학교에서는 고교학점제가 본격적으로 시행됩니다. 수학에서 '미적분2'를 선택할지, '경제 수학'을 들을지, 과학에서 '화학

Ⅱ'를 이수할지에 따라 진로와 입시 방향이 달라집니다. 이때 중요한 것은, 초등·중등 시기에 이미 진로의 뿌리와 줄기가 어느 정도 자라 있어야 한다는 점입니다.

그렇지 않으면 아이는 고등학교에서 갈피를 잡지 못하고, '남들이 다 한다니까' 식의 선택을 하게 되죠. 반대로, 초등에서 뿌리를 찾고 중등에서 줄기를 키운 아이는 고등학교에서 주저 없이 자신의 길을 본격화할 수 있습니다.

초3부터 시작하는
국영수 학습 전략

　초등학교 3학년은 공부의 세계가 달라지는 시점입니다. 그래서 초3은 학습적으로 중요한 전환점입니다. 저학년까지는 글자 읽기와 덧셈·뺄셈 같은 기초 기술에 집중했다면, 이제는 교과 내용이 점점 깊어지며 아이가 스스로 사고하고 표현해야 하는 장면이 많아집니다. 이때 국어·영어·수학에서 어떤 습관을 들이느냐가 중·고등 학업을 버텨 낼 체력을 결정합니다.

기초 체력을 다지면, 중·고등 학업이 흔들리지 않는다

■ 국어: 생각을 읽고, 글로 풀어내는 힘

국어는 모든 과목의 기초입니다. 글을 이해하지 못하면 수학 문제도, 과학 문제도 풀 수 없습니다. 초3부터는 '많이 읽기'에서 '깊이 읽기'로 방향을 바꾸어야 합니다. 책을 읽고 나서 부모가 "재밌었어?"라고만 묻는다면 아이는 대개 "응" 하고 끝내 버립니다. 대신 "주인공이 왜 그렇게 했을까?", "너라면 어떻게 했을까?" 같은 질문을 던져 보세요. 단순 독서가 사고와 글쓰기로 확장되는 순간입니다.

쓰기 습관도 중요합니다. 일기 대신 '오늘 가장 웃겼던 일', '책 속 인물에게 편지 쓰기'처럼 아이가 흥미를 느낄 수 있는 주제로 짧게라도 글을 쓰게 해 보세요. 글을 쓰는 힘은 바로 사고의 힘이기 때문입니다.

■ 영어: 조기 선행보다 노출의 꾸준함

영어는 빨리 시작하는 것보다, 얼마나 자주 접하느냐가 훨씬 중요합니다. 초3부터는 알파벳·파닉스 단계를 넘어서 짧은 문장을 소리 내어 읽는 연습이 필요합니다. 영어 동화책을 함께 읽거나, 아이 수준에 맞는 애니메이션을 영어 자막과 함께 보는 것도 좋은 방법입니다. 중요한 건 자막을 무조건 없애는 게 아니라 이해를 돕는 도구로 활용하는 것이죠.

또 "오늘 날씨는 어때?", "점심에 뭐 먹었어?" 같은 짧은 문장을 매일 영어로 말해 보는 습관을 들여 보세요. 부모가 서툴러도 괜

찮습니다. 영어를 생활 속 언어로 느끼는 경험이 곧 자신감이 됩니다.

■ 수학: 연산은 기본, 설명은 필수

수학은 초3 무렵부터 추상적 개념이 늘어나며 수포자가 생기기 시작합니다. 그래서 이 시기의 수학은 연산 훈련과 개념 설명이 동시에 필요합니다. 매일 10분이라도 꾸준히 연산을 풀게 하는 것이 기본 체력이라면, 부모가 "어떻게 계산했어?"라고 물으며 아이가 풀이 과정을 말로 설명하게 하는 것이 사고력 훈련입니다. 답을 맞히는 것보다 과정에 집중하는 것이 훨씬 큰 힘을 길러 줍니다.

마트에서 물건 가격을 비교하거나 요리하면서 분수와 비율을 이야기하는 생활 속 수학도 좋은 전략입니다. 아이는 "공부는 교과서 속에만 있는 게 아니구나" 하고 느끼며 흥미를 잃지 않게 됩니다.

부모가 기억해야 할 세 가지

첫째, 점수보다 과정을 칭찬해 주세요. 성적표를 받으면 "왜 틀렸어?"보다 "어디서 막혔어?", "다음엔 어떻게 보완할까?"라고 물어 주세요. 부모와 이렇게 대화하면서 아이는 틀림을 두려워하지 않고, 배움의 과정을 바라보게 됩니다.

둘째, 조급함을 내려놓고 꾸준함을 길러 주세요. 초3부터는 하루하루의 작은 습관이 쌓여 큰 차이를 만듭니다. 단기간 성적보다, 매일 이어가는 공부 루틴이 더 큰 힘을 발휘합니다.

셋째, 평소 활동을 진로와 연결해 주세요. 아이의 흥미와 학습을 연결해 보세요. 과학을 좋아하는 아이라면 수학으로 실험 데이터를 다루게 하고, 세계에 관심 있는 아이라면 영어로 짧은 발표를 해 보게 하는 식입니다. 공부가 진로와 연결될 때, 아이는 더 오래 집중할 수 있습니다.

초등 3학년은 학습의 '뿌리'를 튼튼히 내릴 시기입니다. 국·영·수 학습 전략을 잘 세워 두면, 중학교의 심화 학습과 고등학교의 선택과목 체제에서도 흔들림 없이 나아갈 수 있습니다. 부모의 역할은 성적에만 매달리는 감독관이 아니라, 과정 옆에서 묵묵히 지켜봐 주는 조력자입니다. 그 과정 속에서 아이는 공부를 부담이 아니라 자기 길을 찾는 힘으로 느끼게 될 것입니다.

중학교 3년
— 대학을 결정하는 공부법

"진로를 발견하고
학업의 흐름을 만들어라"

고교학점제 시대, 중학교 진로 설정이 답이다

대입은 고등학교에서 본격적으로 시작된다고 생각하기 쉽지만, 사실상 중학교 3학년까지의 국·영·수 실력이 대학을 좌우한다고 말할 수 있습니다. 고등학교에 들어가서 성적이 크게 오르는 경우는 극소수, 3% 미만에 불과합니다. 게다가 고교학점제가 전면 시행되면서 고등학교의 모든 시험 성적이 곧바로 대학 입시 성적에 반영됩니다. "고등학교 가서 잘하면 되지"라는 낙천적 기대가 위험한 이유입니다.

고교학점제와 진로 기반 입시

2022 개정 교육과정의 핵심은 학생이 자신의 진로를 기준으로

과목을 선택한다는 점입니다. 대학은 학생이 선택하고 이수한 과목과 그 과정에서 보인 학습 태도를 면밀히 평가합니다.

고등학교 1학년은 공통과정을 모두 이수하며 진로 탐색 시간을 갖지만, 실제로는 이때 이미 방향성이 결정된 경우가 많습니다. 2학년부터는 일반선택·진로선택·융합선택 과목 중에서 필수와 선택을 나누어야 하는데, 여기서의 결정이 대학 전공과 직결됩니다.

따라서 중학교 시기, 특히 2학년까지는 큰 틀에서의 진로 설정이 반드시 필요합니다. 그래야 3학년 때 전공 연계 과목에 대한 선행학습과 탐구 활동을 준비해 고등학교 진학 후에도 상위권 성적을 안정적으로 유지할 수 있습니다.

중학교에서 준비해야 할 것들

중학교 3년은 단순한 '다음 단계의 징검다리'가 아니라 준비된 고등학생이 되기 위한 훈련의 시기입니다. 다음 세 가지를 실천해야 합니다.

첫째, 진로 탐색: 독서, 동아리, 탐구 프로젝트 등 다양한 경험을 통해 '나는 무엇에 관심이 있고 잘할 수 있는가'를 발견해야 합니다.

둘째, 학업 설계: 진로와 연결될 수 있는 과목을 미리 살펴보고,

심화학습 후 필요한 경우 선행학습을 통해 기본기를 다집니다.

셋째, 제도 이해: 고등학교 평가 체계, 생활기록부의 구조, 세특 기록 방식 등 입시 메커니즘을 일찍 이해할수록 유리합니다.

14~15세에 정한 꿈이 평생 이어지리라는 보장은 없습니다. 하지만 이 시기에 한 번은 '내가 하고 싶은 공부, 관심 있는 분야'를 설정해 보는 경험 자체가 중요합니다. 목표를 세워 보고, 그 목표를 이루기 위해 무엇이 필요한지 과정을 고민하는 순간부터 자기주도적 성장이 시작되기 때문입니다.

중학교 3년, 진로 탐색과 학업 설계를 동시에 경험한 학생만이 고등학교에서 흔들리지 않고, 결국 대학 입시에서도 안정적인 성과를 냅니다.

고등학교 교육과정과
대학 학과 연계해 탐색하기

　중학생에게는 '진로와 직업'이라는 교과가 필수로 배정되어 있습니다. 이 과목은 단순한 교양 차원이 아니라, 자기 이해에서부터 다양한 직업 세계, 진로 적성 검사까지 학생이 스스로 방향을 잡을 수 있도록 돕는 안내서입니다. 그러나 많은 학생들은 수업을 대충 넘기며 "나중에 정하면 되지"라는 마음을 갖기 쉽습니다. 하지만 고등학교와 대학 입시는 그렇게 여유롭지 않습니다.

　고등학교를 선택할 때 가장 객관적인 자료는 '학교알리미' 사이트입니다. 이곳에서는 전국 고등학교의 교육과정 편성표를 확인할 수 있습니다. 즉, 1학년부터 3학년까지 어떤 과목을 언제 배우는지가 표로 정리되어 있는데, 이 표가 중요한 이유는 아이가 실제로 해당 과목을 소화할 수 있는지, 성적을 낼 수 있는지를 미리 판단할 수 있기 때문입니다. 특히 2학년 이후부터는 학교마다 과목 배치가 다르므로 아이의 현재 학습 역량과 진로 적합성을 꼭 따져 봐야 합니다.

여기에 더해 반드시 확인해야 할 것이 학교 특색 프로그램과 동아리활동입니다. 과학·인문학·어학·IT 등 다양한 프로그램이 운영되며, 이는 비교과 활동으로 학교생활기록부에 기록됩니다. 전공과 연계된 탐구 프로젝트나 심화 활동을 어떤 방식으로 지원받을 수 있는지 파악해 두면, 단순히 좋은 학교를 넘어 내 아이에게 맞는 학교를 선택하는 안목을 기를 수 있습니다.

마지막으로, 교육부가 배포한 2022 개정교육과정을 함께 살펴보는 것이 필요합니다. 고교학점제의 골격이 되는 이 과정은 공통·일반선택·진로선택·융합선택 과목으로 나뉘며, 각 과목이 어떤 취지와 목적을 담고 있는지를 이해해야 합니다. 결국 대학이 보고자 하는 것은 "아이 스스로 자신의 진로와 전공에 맞는 과목을 선택하고, 그 과정을 통해 어떻게 성장했는가"입니다.

중학생 시기는 입시가 본격적으로 시작되기 전이지만, 고등학교 교육과정과 대학 학과를 연결해 탐색하는 연습을 미리 해 둔다면 훗날 입시의 방향을 잃지 않고 나아갈 수 있습니다.

부모를 위한 체크리스트: 고등학교 교육과정 & 대학 학과 탐색

1. 학교 교육과정 확인하기
- 우리 아이가 진학하려는 고등학교의 교육과정 편성표를 확인해 보셨나요?
- 2학년 이후 과목 배치가 달라지는 점을 고려했나요?
- 아이의 현재 학업 역량과 과목 구성이 맞는지 점검하셨나요?

2. 학교 특색 프로그램 파악하기
- 학교마다 운영하는 특색 프로그램(과학·인문·어학·IT 등)을 확인하셨나요?
- 전공과 연결될 수 있는 동아리활동이 있는지 살펴보셨나요?
- 이 프로그램이 학교생활기록부의 어떤 항목에 기록되는지도 알고 계신가요?

3. 학사일정 점검하기
- 해당 학교의 연간 학사일정을 확인해 보셨나요?
- 주요 시험 시기와 비교과 활동 일정을 미리 파악하셨나요?

4. 교육과정 개정 방향 이해하기
- 2022 개정교육과정에서 제시한 공통·일반선택·진로선택·융

합선택 과목의 취지와 목적을 확인해 보셨나요?
- 고교학점제에서 우리 아이의 진로와 연계된 과목 선택 시 어떤 전략을 세울지 고민해 보셨나요?

5. 대학 전공과 연계하기
- 관심 있는 대학의 학과와 필수·권장 과목을 비교해 보셨나요?
- 선택한 과목들이 향후 전공적합성과 어떻게 연결될지 살펴보셨나요?

학교생활기록부,
입시의 설계도를 완벽 분석하라

　입시에서 가장 중요한 자료는 여전히 학교생활기록부(생기부)입니다. 성적뿐만 아니라 교과 세부능력, 동아리, 진로활동, 수행평가 등 학생의 학업 태도와 성향, 심지어 인성까지 드러나는 문서이기 때문입니다.

　많은 학생들이 생기부를 처음 진지하게 들여다보는 시점은 대학 원서를 쓸 때입니다. 그러나 영재교육원이나 특목중·특목고를 준비해 본 학생들은 이미 중학교 시절부터 생기부의 의미를 잘 압니다. 그만큼 진로 성숙도가 높고, 학생부종합전형을 이해하는 폭도 다르지요.

고교학점제 시대에는 생기부의 무게가 더 커졌습니다. 중학교 때부터 "내가 수업 시간에 했던 활동이 어떻게 기록되는가"를 이해하는 것만으로도 학습 태도와 생활이 달라집니다. 예를 들어 발표, 질문, 보고서 작성, 협력 활동 같은 사소한 순간이 모두 교사의 관찰을 통해 기록됩니다. 단순한 점수 경쟁이 아니라, 과정과 성향이 입시에 반영되는 시대인 것입니다.

부모가 할 수 있는 가장 실질적인 지원은 매년 생기부를 함께 점검하는 것입니다. 학년이 끝나는 2월 말에 생기부가 마감되니, 3월에 발급 받아 아이와 같이 읽어 보세요. "어떤 활동이 기록되었는지", "빠진 부분은 없는지", "다음 학년에 어떻게 보완할지"를 이야기하다 보면 자연스럽게 전략이 보입니다. 또한 아이가 학교에서 했던 활동을 간단히 기록해 두었다가 선생님께 전달하면, 생기부에 학생 의도가 반영된 더 풍성한 기록을 남길 수 있습니다.

결국 중학교 생기부 분석은 단순한 기록 확인을 넘어, 고등학교 생활의 리허설입니다. 중학교 때 이 과정을 익혀 두면 고등학교 입학 후 시행착오를 크게 줄이고, 입시의 길을 훨씬 수월하게 걸을 수 있습니다.

선행학습, '빠르게 많이'보다 '천천히 확실히'

중학교 시기는 초등학교와 고등학교를 잇는 전환기입니다. 이 시기에 무엇을 어떻게 준비했는지가 고등학교, 나아가 대학 입시에서 결정적 차이를 만들어 냅니다. 단순히 성적을 올리는 게 아니라, 목표를 세우고 꾸준히 실천하는 습관을 만드는 것이 핵심입니다.

고등학교 공부는 생각보다 숨가쁩니다. 중간고사가 끝나면 곧바로 수행평가가 이어지고, 다시 기말고사가 기다립니다. 내신과 수능 준비가 동시에 진행되기 때문에 여유가 없습니다. 결국 이 과정을 버텨 내려면 성실성과 루틴 관리가 필요합니다. 중학교 때부터 시험 대비 → 수행평가 → 점검과 보완의 흐름을 몸에 익혀야 하는 이유가 여기에 있습니다.

많은 부모님이 선행학습을 강조합니다. 남들보다 앞서가야 불안하지 않다는 이유 때문입니다. 하지만 속도에 집착하다 보면 개념의 빈틈이 생기기 쉽습니다. 고등학교 과정은 한 번 무너지면 다시 쌓기가 어렵습니다. 특히 수학과 영어는 개념이 이어지는 과목이기 때문에 기초부터 단단히 다지는 것이 중요합니다.

- 수학은 연산과 기본 개념 이해가 핵심
- 영어는 어휘력과 독해력이 토대
- 과학탐구는 진로와 연결되는 과목 위주로 기초 다지기

따라서 중학교 때는 "얼마나 많이 나갔는가"보다 "얼마나 제대로 이해했는가"를 점검하는 것이 더 중요합니다.

교과서와 친해지는 선행학습

중학교 3학년이라면 고등학교 1학년 교과서를 직접 읽어 보는 것을 권합니다. 학원식 진도 빼기가 아니라, 교과서 내용을 천천히 곁에 두고 1년 동안 익숙해지는 방식입니다. 교과서는 실제 시험 출제의 기준이 되는 만큼, 고등 진입 전 가장 확실한 선행학습 도구입니다. 단순히 '공부'라기보다 고등 과정과 친해지는 경험

으로 받아들이면 효과적입니다.

고등학교 진학 대비 중학생이 점검해야 할 체크리스트

영역	점검 항목
공부 습관	스스로 학습 계획을 세우고 실행한다
	매일 정해진 시간에 공부를 시작한다
	시험 대비 계획을 최소 2주 전부터 세운다
	틀린 문제나 오답을 정리하는 습관이 있다
	국영수 주요 개념을 정리한 나만의 노트가 있다
	나에게 필요한 인강을 찾는 법과 활용법을 안다
	SNS나 게임 등에 시간을 얼마나 쓰고 있는지 인식하고 있다
진로탐색과 고등학교 입학 준비	관심 분야(전공)와 진로에 대해 명확히 말할 수 있다
	나의 진로와 진학에 중요한 과목을 파악하고 있다
	학교생활기록부 항목별 내용을 잘 이해하고 있다
	다양한 학교 활동(동아리·대회·봉사)에 참여한다
	진학을 희망하거나 예정인 고등학교의 교육과정을 살펴봤다
고등학교 학습 준비도	중학교 과정의 국·영·수 기본 개념 이해가 탄탄하다
	사회·과학 개념을 연결 지어 설명할 수 있다
	서술형 문제에서 논리적으로 답을 작성한다
	책·기사·자료를 읽고 자기 생각을 말할 수 있다
	새로운 유형의 문제도 응용해서 풀 수 있다
	진로희망 고등학교의 내신 기출문제를 풀어봤다
	수능 모의고사 문제를 풀어봤다
	수능과 내신 공부의 차이점을 안다

1등급 사수가 중요한
5등급제 내신과 평가 변화

"중학교 때까지는 공부를 잘했는데, 고등학교 올라가더니 성적이 뚝 떨어졌어요."

많은 부모님들이 한 번쯤 해 본 이야기입니다. 하지만 정말 아이 성적이 갑자기 떨어진 걸까요? 사실은 중학교와 고등학교 내신 평가 체계가 다르기 때문에 생기는 착시일 가능성이 큽니다.

중학교 내신은 절대평가 5단계제입니다. 원점수 90점 이상이면 A, 80점 이상이면 B, 70점 이상이면 C로 구분됩니다. 문제는 A등급 비율이 너무 많다는 것. 어떤 학교는 전체 학생의 40% 이상이 A를 받습니다. 그러니 중학교에서 A를 받았다고 해도, 사실은 상위권부터 중위권까지 모두 섞여 있는 성적일 수 있습니다.

결국 고등학교에 올라가면, 중학교 A등급 학생 중 상당수가 3~4등급을 받게 됩니다. 왜냐하면 고등학교 내신은 상대평가 체제, 즉 무조건 등급을 나누어야 하는 구조이기 때문입니다.

고교학점제 내신, 1등급 싸움이 치열하다

고교학점제가 본격 시행되면서 내신의 중요성은 더욱 커졌습니다. 고등학교에서 치르는 시험은 그대로 대학 입학 성적에 반영되기 때문입니다. 특히 서술형·논술형 문항이 확대되면서, 단순 암기보다 사고력·표현력을 묻는 문제가 많아졌습니다. 따라서 내신에서 1등급을 사수하는 것이 무엇보다 중요해졌습니다. 왜냐하면 1등급과 2등급의 차이가 대학 입시에서 지원 가능 대학과 전형 결과를 극명하게 갈라놓기 때문입니다.

중학교 A등급만 믿고 있으면 큰 착각에 빠질 수 있습니다. 아이의 실력을 보다 객관적으로 확인하려면 과목별로 평균 원점수를 세밀히 들여다봐야 합니다. 특히 국어·영어·수학은 고등 내신의 핵심 과목이므로, 이 과목에서 A 비율이 높은지 반드시 확인해야 합니다.

- 평균 95~100점대 A: 한 문제 정도만 틀리거나 만점을 받는 실력. 고등학교에서도 1~2등급 가능성이 높습니다.
- 평균 90점대 초반 A: 시험에서 2~3문제를 놓쳤을 가능성이 높

음. 고등학교에서는 이 차이가 치명적이 되어 2, 3등급으로 밀릴 수 있습니다.

이렇게 세밀한 분석을 통해 아이의 현재 위치를 미리 객관적으로 진단해야 합니다.

평가 문항의 변화도 대비해야

중학교는 여전히 객관식과 단답형 문제가 중심이지만, 고등학교는 서술형·논술형 문항이 내신의 주류로 자리 잡고 있습니다.(국어: 제시문 독해 후 자기 의견 서술, 수학·과학: 풀이 과정을 단계별로 기술, 사회: 실제 사례를 바탕으로 개념 적용) 즉, 단순히 답을 맞히는 것보다 논리적 설명과 과정 중심의 학습이 요구됩니다.

중학교 A등급은 출발점일 뿐, 고등학교 1등급을 보장하지 않습니다. 고교학점제 시대의 내신은 변별력은 약해졌지만 영향력은 더 커진 시험입니다. 부모가 해 줄 일은 성적표만 보는 것이 아니라, 아이의 과목별 평균 점수·문항 대응력·서술형 훈련 정도를 객관적으로 점검하는 것입니다. 그래야 고등학교 내신 경쟁에서 흔들리지 않고, 대학 입시까지 안정적으로 이어갈 수 있습니다.

내 아이에게 맞는
고등학교 선택 가이드 (일반고·특목고·자사고)

중2 겨울이 지나면 시간표는 이미 고등으로 넘어갑니다. 많은 부모님이 명문고 이름표를 먼저 떠올리지만, 입시는 간판보다 '적합성'에서 갈립니다. 같은 A를 받던 아이도 학교가 바뀌면 1등급이 되기도 3등급이 되기도 합니다. 고교학점제 이후 내신은 더 결정력이 커졌고, 문항은 서술·논술형으로 옮겨가고 있지요. 그래서 고교 선택의 첫 질문은 "어디가 유명한가?"가 아니라 "우리 아이가 어디에서 가장 잘 자랄까?"여야 합니다.

좋은 학교보다 '맞는 학교'

일반고는 공통·일반선택 중심으로 수능 과목과 결이 가깝습니다. 꾸준히 혼자 공부하는 힘이 있고, 내신을 촘촘히 관리하는 타입에게 든든한 경로(교과·정시)가 열려 있습니다. 반면 자사고는 교육과정 자율성이 커서 심화 과목·프로젝트 기회가 넉넉합니다. 우수 학생이 몰려 내신 경쟁은 치열하지만, 탐구·발표를 즐기는 아이는 여기서 날개를 답니다. 특목고(과고·영재고·외고·국제고·예고 등)는 전공 전문교과를 크게 이수해야 하는 구조라 학생부종합전형에 최적화되어 있습니다. 다만 전공 기초가 약하면 내신 장벽이 높다는 사실을 알아야 합니다.

✓ 고교 선택의 기준은 '실력 + 성향 + 전형'
- 실력: 국영수의 탄탄함, 특히 심화 개념 대응력
- 성향: 탐구·발표·프로젝트를 즐기는가, 혼공(혼자 공부)이 강한가
- 전형 적합성: 교과(내신)형이 유리한가, 종합(활동+세특)형이 유리한가, 수능형이 유리한가

"고교 블라인드면 학교 차이가 사라지나요?"라고 묻는 분도 있습니다. 대학은 고교명은 못 보지만, 이수 과목·과목 평균·표준편차·전문교과 여부로 학교의 결을 읽어 냅니다. 표준편차가 작으면 상위권이 두텁고 경쟁이 빡빡하다는 뜻, 크면 격차가 크고 전교권이면 내신을 유리하게 만들 여지가 있다는 뜻입니다. 진학

전 '학교알리미'의 과목 평균과 표준편차를 꼭 비교해 보세요. 숫자는 분위기를 꽤 정확히 말해 줍니다.

전형별로 유리한 학교도 다릅니다. 교과전형은 대체로 일반고 전교권이 강하고, 학생부종합전형은 특목·자사 상위권 또는 일반고 1~3등급 + 세특·탐구영역의 충실한 조합이 성과를 냅니다.
정시는 상위권 밀집 학교의 장점이 살아나지만, 중도 전환이 잦으니 학생의 멘탈과 자기관리력이 변수입니다. 그러니 설명회에 가면 화려한 사례보다 최근 3개년 수시/정시 비율(중복합격 제외 여부), 교육과정 편제표(수능 과목 언제·몇 단위·어떤 평가로?), 세특 운영 체계(활동→기록 루트) 같은 '속살'을 보세요. 프로젝트 실물 보고서·발표 자료를 보여 달라고 요청하면 학교의 진짜 역량이 드러납니다.

✓ **전형별 유리한 학교**
- 교과전형(내신 정량): 대체로 일반고 상위권이 유리. 특히 비학군지 일반고 전교권은 강력합니다.
- 학생부종합전형: 특목고/자사고 상위~중상위권과 일반고 1~3등급 + 세특·탐구 충실 학생이 주력. 교육과정의 깊이·프로젝트·세특이 당락을 가릅니다.
- 정시(수능): 상위권 밀집 학교가 유리하지만, 내신 부담 큰 학교

에서는 중도에 전략 전환이 잦습니다. 본인 멘탈·자기관리력이 핵심.

진학하려는 학교가 아이 성향과 맞는지를 살피는 점을 잊지 마세요. 혼공이 강하고 루틴을 잘 지키는 아이라면 비학군지 일반고 전교권에서 교과/종합으로, 토론·발표·글쓰기를 좋아하고 프로젝트를 즐긴다면 자사·특목 혹은 학종이 강한 일반고에서 종합전형으로, 문제 풀이 내구성이 좋은 수능 체질이라면 수능형 일반고·자사고에서 정시 중심 전략이 적합합니다. 전공 기초가 또렷하고(수·과/외국어 등) 특정 역량이 뛰어난 아이는 과고·영재고·외고·국제고에서 깊이를 만드는 선택이 의미 있습니다.

✓ 아이 유형별 추천 가이드

- 교과 강·꾸준형(혼공 잘함): 비학군지 일반고 전교권 → 교과(추천), 종합(가능), 정시(보완)
- 탐구·글쓰기·발표 강점(프로젝트 잘함): 자사고/특목고/학종 강한 일반고 → 종합 주력
- 수능 몰입형(패턴 문제·시간 관리 강): 수능형 일반고·자사고 → 정시 주력 + 논술 보완
- 전공 또렷·기초 탄탄(수·과/외국어 탁월): 과고/영재고/외고·국제고 → 종합 주력(수능은 전략 보완)

마지막으로, 어떤 학교든 1학년 첫 내신은 '현실 알림장'이 되곤 합니다. 그래서 플랜 A/B/C가 필요합니다. 상위권 유지면 교과/종합, 2~3등급대면 종합 + 논술 병행, 기대 이하라면 일찍 정시 전환 + 세특·수행 최소 손실 관리하는 전략을 세워야 합니다. 멘탈이 흔들리는 순간을 대비해 두면, 위기는 대개 방향 전환의 기회가 됩니다.

✓ **고교 선택시 체크리스트**
- 우리 아이 학업 성향·강점과 학교 전형 색깔이 맞는가
- 최근 3개년 수시/정시 실적 비율(중복합격 제외 확인)
- 교육과정 편제표: 수능 과목 편성 시기·단위·평가 방식
- 세특 기록 체계: 프로그램→기록 루트가 투명한가
- 과목 평균·표준편차: 상위권 두께·경쟁 강도 가늠
- 선배·학부모 현장 후기로 교차 검증

결론은 단순합니다. '좋은 학교'가 길을 열어 주는 게 아니라, 맞는 학교가 아이의 실력을 증명하게 합니다. 간판보다 교육과정, 입결보다 적합성. 이 원칙만 붙들면 고등 3년은 '버티는 시간'이 아니라 실력이 성장하고 증명되는 시간이 됩니다.

고등학교 3년
― 대학 합격을 설계하는 시간

"현실적인 전략으로
나만의 합격 로드맵을 완성하라"

고등학교 3년,
학년별 전략 로드맵을 짜라

고등학교에 입학하는 순간, 아이의 모든 시간이 대학 입시와 직결됩니다. 하지만 3년이라는 시간은 생각보다 짧습니다. 실제로 입시에서 의미 있는 학기는 2년 6개월입니다. 3학년 1학기 성적까지가 수시 원서에 반영되고, 9월부터는 본격적으로 원서를 써야 하기 때문입니다. 따라서 "고등학교에 가면 열심히 해 보자"는 막연한 마음가짐으로는 부족합니다. 처음부터 전략적 설계도를 갖추는 것이 필요합니다.

중학교까지는 절대평가 덕분에 40%가량의 학생이 A등급을 받습니다. 하지만 고등학교에 올라오면 이야기가 달라집니다. 상위

10%만 1등급을 받을 수 있는 상대평가 체제로 전환되면서, 많은 아이들이 처음 성적표를 받고 당황합니다. "나는 원래 잘했는데 왜 갑자기 성적이 떨어졌지?"라는 좌절이 흔히 찾아오는 이유입니다. 문제는 고등학교 성적은 그대로 대학 입시 성적이 된다는 사실입니다. 여기에는 재도전의 여유가 거의 없다는 냉혹함이 숨어 있습니다.

플랜 A만으로는 부족하다

이런 이유로 고등학생에게는 A플랜만이 아니라 B플랜, C플랜까지 필요합니다.

내신이 원하는 만큼 오르지 않았을 때, 모의고사에서 등급이 잘 나오지 않을 때, 전공 관련 활동이 체계적이지 않을 때 식으로, 각 상황에 따라 전략을 바꾸어야만 기회를 살릴 수 있습니다. 대학 입시는 단선적이지 않습니다. 내신·논술·수능·비교과 중 어떤 길로 갈 것인지, 아이의 성적과 강점에 맞춰 설계를 유연하게 조정해야 합니다.

전략적으로 시간을 쓰는 노력도 필요합니다. 고등학교 3년은 무조건 채워야 하는 시간이 아니라, 어떻게 설계하고 집중하느냐에 따라 결과가 달라집니다.

- 1학년은 기초 성적과 생활 습관을 다지는 시기

- 2학년은 전공 관련 과목 선택과 집중으로 진로 방향을 확정하는 시기
- 3학년은 수시·정시라는 실전 전략으로 나아가는 시기

이 흐름 속에서 아이가 어느 지점에서 어떤 전략을 택할지가 대학을 결정짓습니다.

고등학교 3년, 학년별 전략 로드맵

고1 — 기초 다지기와 생활 습관 확립

고등학교 1학년은 입시의 출발점입니다. 전국의 모든 학생이 동일한 공통과정을 이수하기 때문에, 성적뿐 아니라 수업 태도·발표·탐구활동 같은 학교생활 전반이 생활기록부에 기록됩니다. 이때 중요한 것은 고등학교 공부법에 적응하는 것입니다. 과목별 강약점을 진단하고, 기본기를 다져야 합니다. 단순히 열심히가 아니라, 성실성과 생활 루틴을 학습 습관으로 정착시키는 해입니다.

✓ 체크포인트
- 아이가 하루 공부 루틴을 꾸준히 지키고 있나요?
- 특정 과목에서 약점이 드러난 부분을 스스로 인지하고 보완하

려 하나요?
- 수업 중 발표나 탐구 활동에 적극적으로 참여하나요?

고2 — 선택과 집중, 방향 확정

2학년은 본격적으로 선택과목제가 적용되는 시기입니다. 과목 선택이 진로와 전공적합성으로 이어지기 때문에 이때의 결정이 대학 입시에 직결됩니다. 따라서 목표 대학을 상향·적정·하향으로 나누어 리스트를 만들고, 내신·논술·정시 등 전략을 현실적으로 조율해야 합니다. 내신이 불리하다면 논술전형, 수능으로 전환하는 B플랜, C플랜 전략이 필요합니다. 고2는 입시 전략에서 선택과 집중의 시기입니다.

✓ **체크포인트**
- 아이가 2학년 과목 선택을 진로와 연결해 고민하고 있나요?
- 목표 대학 리스트(상향·적정·하향)를 구체적으로 정했나요?
- 내신·논술·수능 중 어떤 전형이 우리 아이에게 가장 현실적인지 방향이 잡혔나요?

고3 — 마무리와 실전 관리

3학년은 입시 실전입니다. 1학기 기말고사와 생활기록부 마감(8월), 9월 수시 원서 접수, 11월 수능까지 일정이 숨가쁘게 이어집니다. 새로운 시도를 하기보다 지금까지 해 온 활동을 완성도 있게 마무리해야 합니다. 내신·비교과는 마무리 단계, 이후는 수능·논술·면접 준비로 직결됩니다. 특히 상위권 대학일수록 구술면접의 비중이 커지고 있어, 기출문제와 선행학습 영향평가 자료를 꾸준히 활용해야 합니다. 무엇보다 중요한 것은 멘탈과 루틴 관리입니다. 무리한 성적 상승을 노리기보다는 안정적으로 페이스를 유지하는 것이 합격의 관건입니다.

✓ **체크포인트**

- 아이가 3학년 주요 일정을 스스로 관리하고 있나요?(생활기록부 마감, 원서 접수, 모의고사 일정 등)
- 수능 준비가 단순히 최저 맞추기인지, 정시 승부인지 전략이 분명한가요?
- 논술·구술면접 대비를 꾸준히 이어가고 있나요?
- 불안이나 좌절에 빠질 때 부모가 감정적 공포를 주지 않고 안정감을 주고 있나요?

고등학교 1학년,
무조건 학생부종합전형으로 시작

고등학교 1학년은 입시의 출발점입니다. 전국 모든 학생이 동일한 공통과정을 이수하기 때문에, 과목 선택보다는 내신 성적 자체가 가장 중요한 시기입니다. 간혹 현행학습과 선행학습을 동시에 끌고 가려는 경우가 있지만, 이는 오히려 집중력을 분산시켜 성적에 악영향을 줄 수 있습니다. 내신은 수능과 달리 학교 수업 중심으로 대비해야 하며, 학원도 해당 학교의 출제 경향을 잘 아는 곳을 선택하는 것이 유리합니다.

1학년 때는 누구나 학생부종합전형을 준비한다는 마음으로 학교생활에 임합니다. 동아리, 자율활동, 진로활동 등 비교과 활동에 열심히 참여하며 관심사를 탐색해 나가야 합니다. 다만 중요한 것은 성장의 흐름입니다. 1학년은 탐색기라면, 2학년 이후에는 더 구체적이고 깊이 있는 활동으로 발전해야 합니다. 학년이 올라갈수록 활동의 수준이 성장했다는 흔적이 학교생활기록부에 남는 것이 가장 좋은 평가를 받습니다.

특히 1학년 때 배우는 통합사회·통합과학은 진로와 지적 호기심을 싹틔우는 좋은 출발점입니다. 수업에서 다룬 개념을 동아리 활동이나 자율탐구 프로젝트로 확장하고, 관련 도서를 읽어 기록한다면 교과와 비교과가 유기적으로 연결된 학교생활기록부를 만들 수 있습니다. 학생부종합전형은 단순히 '많이 했다'보다 무엇을, 어떻게, 왜 했는가를 보여 주는 데 초점이 있습니다.

과목 선택이 곧 입시 전략

1학년은 모두 공통과목을 듣지만, 6월 무렵 2학년 과목 선택을 하게 됩니다. 이때 희망 전공과 연결되는 필수·권장 과목이 무엇인지 반드시 확인해야 합니다. 선택만 중요한 것이 아니라 해당 과목 성적 또한 입시 평가의 핵심이 되므로, 중학교 시절부터 학생 역량에 따라 일정 부분 선행학습을 해 두는 것이 필요합니다. 학기 중에는 내신에 몰입해야 하므로, 미리 기초를 닦아 둔 학생들이 유리할 수밖에 없습니다.

입시 정보는 한 대학부터 시작하는 것이 효율적입니다. 1학년이라면 입시의 기본 구조 정도는 알고 있겠지만, 막연한 정보만으로는 부족합니다. 대학마다, 전형마다 세부 기준이 다르기 때문입니다. 이때 부모가 도와 줄 수 있는 부분이 바로 입시 정보 탐색입니다.

모든 대학을 한 번에 살피려 하지 말고, 서울대·연세대·고려대 중 한 곳을 골라 수시 모집 요강을 처음부터 끝까지 읽어 보는 것부터 시작하세요. '대학어디가' 사이트에서 주요 대학의 전형 요강과 계열별 자료를 내려 받아 분석해 보면, 입시 전략은 물론 향후 학습 방향까지 감을 잡을 수 있습니다. 한 대학을 깊이 이해하면 다른 대학의 전형도 눈에 들어오기 시작합니다.

고등학교 2학년, 학종·논술·수능 전략의 분기점

고등학교 2학년은 학생들에게 전환점이 되는 시기입니다. 1학년 성적이 이미 누적되어 어느 정도 합격 가능 대학군이 드러나기 때문입니다. 많은 학생들이 이 현실을 받아들이기 힘들어 하지만, 이 시기의 선택이 이후 입시 전략의 방향을 좌우합니다.

목표 대학을 구체화해야 하는 이유

2학년 1학기가 끝나면 전체 5학기 중 3학기를 마친 셈입니다. 이 시점에서 학생부종합전형으로 지원 가능한 대학 리스트를 상향·적정·하향으로 10개 정도 추려 보는 것이 필요합니다. 목표 대학이 구체화되면 막연했던 입시가 현실로 다가오고, 남은 기간

동안 공부의 집중도가 달라집니다.

목표 대학이 내신 성적과 큰 차이가 난다면, 수시의 또 다른 카드인 논술전형을 고려할 수 있습니다. 학종이 A플랜이라면, 논술은 현실적인 B플랜입니다. 단, 논술은 단기간에 점수가 오르는 시험이 아니기 때문에 2학년 때부터 준비해야 효과가 있습니다. 특히 수리논술은 고등학교 수학 교과 범위 내에서 출제되므로, 2학년 과정인 대수와 미적분 I 을 이 시점에 확실히 다져야 합니다.

흥미로운 점은, 논술 대비 과정이 내신과 수능에도 동시에 도움이 된다는 사실입니다. 풀이 과정을 체계적으로 정리하는 습관 자체가 논술 공부이자 수능 고난도 문제 대비가 되기 때문입니다.

전략 수립과 상담의 중요성

2학년 2학기가 끝나면 그동안의 내신 성적, 모의고사 결과, 비교과 활동을 모두 모아 객관적으로 분석해야 합니다. 학교 선생님이나 전문가와 상담을 받아 보는 것도 도움될 수 있습니다. 특히 '대학어디가' 사이트의 온라인 상담 기능은 실제 성적 기반으로 지원 가능 대학을 추천해 주기 때문에 실질적인 참고가 됩니다. 이 작업을 3학년이 되어 뒤늦게 시작한다면 선택의 폭은 좁아지고, 준비 시간도 부족해져 실패 확률이 높아집니다.

2학년은 '전략의 시간'입니다. 단순히 공부량을 늘리는 시기가 아닙니다. 내 성적에 맞는 목표 대학군을 확정하고, 학종·논술·수능 가운데 주력 전형을 선택하며, 그에 맞는 공부 방식을 집중적으로 다듬는 시기입니다.

막연한 불안 대신 구체적인 전략을 세운 학생이, 3학년이라는 마지막 무대에서 훨씬 더 흔들림 없이 입시를 치러낼 수 있습니다.

고등학교 3학년,
수시원서 6장으로 완성하는 입시 전략

고등학교 3학년은 그야말로 입시의 시간표 안에서 움직입니다. 7월 말 학교생활기록부 마감, 9월 초 수시 원서 접수, 11월 둘째 주 수능… 몇 달마다 굵직한 이벤트가 줄지어 있습니다. 이 시기에 중요한 것은 새로운 도전보다는 지금까지 쌓아 온 성과를 안정적으로 마무리하는 것입니다.

1. 학생부종합전형, 마무리의 시간

3학년 1학기 기말고사가 끝나면 생활기록부는 사실상 완성됩니다. 따라서 비교과 활동은 새로운 프로젝트를 벌이기보다 지금까지 이어 온 활동을 정리하고, 그 과정에서 배운 점을 드러내는 것이 핵심입니다. "앞으로 대학에서 더 깊이 탐구하겠다"는 태도를 보여 주는 것도 좋은 전략입니다.

2. 전략에 따라 달라지는 공부법

3학년 공부 전략은 크게 세 갈래로 나뉩니다.

- 논술 + 수능 중심 학생 → 수능 과목을 논술형 풀이로 연결해 연습하세요. 단순 답안 작성이 아니라 과정을 글로 설명하는 훈련이 필요합니다.
- 내신 + 수능 병행 학생 → 3학년 내신 과목을 수능 과목과 일치시켜 효율을 높이세요. 내신 준비가 곧 수능 준비가 되도록 짜는 것이 핵심입니다.
- 정시 중심 학생 → 수능 최저 충족이 목적이라면 기준선 달성에 집중하고, 정시까지 바라본다면 완벽에 가까운 수능 준비가 필요합니다.

특히 6월, 9월 모의평가는 수능 출제 기관인 한국교육과정평가원이 직접 내기 때문에 반드시 실전처럼 임해야 합니다.

3. 구술면접, 마지막 관문

많은 학생들이 면접은 "붙고 나서 준비하면 된다"고 생각하지만, 상위권 대학일수록 면접의 비중은 큽니다. 교과 성적과 생활기록부로는 변별력이 줄어든 상황에서, 대학은 면접에서 학생의 깊이를 보고 싶어 합니다.

　면접 대비는 하루아침에 되지 않습니다. 출제 의도와 범위를 파악할 수 있는 가장 좋은 자료는 각 대학이 공개하는 '선행학습영향평가보고서'입니다. 여기에는 기출문제와 출제 이유까지 담겨 있으니, 1~2학년부터 꾸준히 참고하며 훈련해 두면 3학년이 되어 자연스럽게 실력이 드러납니다.

4. 루틴과 멘탈 관리가 성패를 가른다

　고3은 매달 시험과 일정에 시달립니다. 이 시기에 급격한 성적 상승을 기대하며 무리하기보다는, 자신의 페이스를 유지하는 것이 오히려 좋은 결과를 가져옵니다. 멘탈이 흔들리면 성적보다 더 큰 타격이 생깁니다. 공부뿐 아니라 수면·식사·운동까지 관리하며 컨디션을 유지하는 것이 전략 못지않게 중요합니다.

　고등학교 3학년은 새로운 출발이 아니라 지금까지의 성과를 안정적으로 완성하는 시간입니다. 수시 원서 6장은 그동안의 노력과 선택을 압축해 담는 마지막 기회이고, 수능은 그 기회를 실현하는 무대입니다. 부모가 해 줄 수 있는 최고의 지원은, 아이가 흔들리지 않게 루틴과 멘탈을 지켜 주는 것입니다.

실력보다 대학을 높이는 여섯 가지 전략
입시 읽어주는 엄마, 합격 키워드 6

초판 1쇄 발행 2025년 9월 26일
초판 2쇄 발행 2025년 10월 27일

지은이 이춘희
디자인 표지 강경신 본문 박재원

펴낸곳 브리드북스 | 펴낸이 이여홍
출판등록 제 2023-000116호(2023년 10월 11일)
주소 서울시 마포구 토정로 222 306호
이메일 breathebooks23@naver.com

ISBN 979-11-993566-1-0(03370)

- 책값은 뒤표지에 있습니다.
- 파본은 구입하신 서점에서 교환해드립니다.
- 이 책은 저작권법에 의하여 보호를 받는 저작물이므로 무단 전재와 복제를 금합니다.